旅行社系列通用教材

U0793637

赵利民/编著

LÜYOU JIUFEN YU BAOXIAN

旅游纠纷与保险

旅游教育出版社
·北京·

责任编辑：兰　琳　李宗喜

图书在版编目(CIP)数据

旅游纠纷与保险/赵利民编著.—北京：旅游教育出版社，2007.8
旅行社系列通用教材
ISBN 978-7-5637-1534-3

Ⅰ.旅…　Ⅱ.赵…　Ⅲ.①旅游业-经济纠纷-中国-教材
②旅游业—保险—中国—教材　Ⅳ.D922.290.4　F842.6

中国版本图书馆CIP数据核字(2007)第123920号

旅游纠纷与保险

赵利民　编　著

出版单位	旅游教育出版社
地　　址	北京市朝阳区定福庄南里1号
邮　　编	100024
发行电话	(010)65778403 65728372 65767462(传真)
本社网址	www.tepcb.com
E－mail	tepfx@163.com
排版单位	首都经济贸易大学出版社激光照排部
印刷单位	中国科学院印刷厂
装订单位	河北省三河市东兴装订厂
经销单位	新华书店
开　　本	787×960　1/16
印　　张	11.5
字　　数	184千字
版　　次	2007年10月第1版
印　　次	2007年10月第1次印刷
印　　数	1－4000册
定　　价	18.00元

(图书如有装订差错请与发行部联系)

前　言

旅游，是和平的使者、友谊的桥梁，是展示社会文明程度的窗口。在旅游过程中，没有人会希望产生纠纷和风险，但旅游纠纷和旅游风险却时时如影相随，影响了旅游业的健康发展。有纠纷就应该有预防和处理纠纷的措施，有风险就应该有保险。旅行社和导游人员处在旅游接待工作的第一线，同时也处在旅游纠纷和旅游保险的最前沿，理应掌握必要的旅游纠纷和旅游保险方面的知识。本书就是这样一本介绍旅游纠纷和保险的著作。

本书从旅行社和导游的实际工作需要出发，介绍了旅游纠纷和旅游保险的一些基本知识。旅游纠纷方面，重点介绍了旅游纠纷的预防措施、处理方式和技巧；旅游保险方面，侧重介绍了与旅行社和导游人员密切相关的旅行社责任险和旅游意外险。本书有下列特点：

(1)在内容上，选取旅行社从业人员必知必会的知识进行介绍，注重内容的实用性。

(2)本书在正文中采用了大量有针对性的案例，还增加了“小思考”、“小资料”、“补充阅读”等模块。在每章前面设置了“本章导读”，每章的后面设置了“关键词汇”、“经典案例”、“思考与训练”等栏目，既突出了本书的技能性，增强了本书的生动性、可读性，又便于大家对知识的掌握。

(3)本书是一本讨论旅游纠纷和保险的教材，因此还特别注意了内容的科学性。本书的内容以现有的旅游法律法规为支撑，避免了人云亦云，以讹传讹，写作过程中还特别注重将国家的最新规定和要求纳入本书的内容。

本书可作为高职、中职院校旅游服务专业教材，也可作为旅行社的岗位培训教材。另外，本书也可作为广大旅游从业者和旅游爱好者了解旅游纠纷和保险的一本通俗读物。

本书在写作过程中，得到了旅游教育出版社的支持和指导，并参考和借鉴了旅游界、法学界诸多同行和专家的成果，在此一并表示感谢。

从旅行社和导游的角度介绍旅游纠纷和保险是一个全新的尝试。由于本人水平有限，书中难免有不足与疏漏之处，敬请读者指正。

赵利民
于江西旅游商贸职业学院
2007 年 5 月

目　录

第一编

概述篇

第一章 旅游纠纷概述

本章导读

旅游,是和平的使者、友谊的桥梁,是展示社会文明程度的窗口。在旅游中不应该有纠纷,但旅游纠纷却经常困扰我们。旅游纠纷不仅影响了游客的兴致,还可能影响企业的形象,甚至破坏整个旅游业的形象。我们了解这些纠纷,是为了预防纠纷,更好地解决纠纷。本章主要介绍了旅游纠纷的概念和分类、旅游纠纷产生的原因、影响以及解决旅游纠纷的适用法律。

第一节 旅游纠纷的概念和分类

一、旅游纠纷的概念

旅游纠纷是指旅游主体之间因权利和义务的矛盾而引发的争议。这里的旅游主体包括的范围很广,如旅游者、旅游经营者、旅游管理部门、旅游相关部门、海外旅游组织等。旅游纠纷的主体虽然很多,但大多数旅游纠纷都发生在游客和旅游经营者之间。由于旅行社在旅游业中处于核心和纽带地位,多数旅游纠纷又发生于游客和旅行社之间。

本书所探讨的旅游纠纷是指旅行社与游客以及其他旅游经营者之间的民事纠纷,尤其是指旅行社与旅游者间的纠纷。这类旅游纠纷占了所有旅游纠纷的绝大多数,而且也最受旅游者、旅行社和全社会的关注。

二、旅游纠纷的分类

旅游纠纷复杂多样,我们可从下面几方面对其进行分类:

(1)按照纠纷的争议内容划分,旅游纠纷可分为导游业务纠纷、旅游交通纠纷、旅游住宿纠纷、旅游饮食纠纷、旅游购物纠纷、游览观光纠纷等。

(2)按照旅行社的业务经营范围划分，旅游纠纷可分为入境旅游纠纷、国内旅游纠纷和出境旅游纠纷。

(3)按照旅游法规的调整对象划分，旅游纠纷可分为旅游游览行为纠纷、旅游经营行为纠纷和旅游管理行为纠纷。

(4)按照是否存在合同划分，旅游纠纷可分为旅游合同纠纷和旅游非合同纠纷。

(5)按照纠纷的复杂程度划分，旅游纠纷可分为简单旅游纠纷和复杂旅游纠纷。

(6)按照纠纷的大小和影响力划分，旅游纠纷可分为一般旅游纠纷和重大旅游纠纷。

第二节　旅游纠纷的产生和影响

一、旅游纠纷产生的原因

旅游纠纷产生的原因有很多，有客观原因，也有主观原因；有旅行社和导游方面的原因，也有旅游者的原因。

(一)旅游本身的特点使得纠纷容易产生

旅游是人们以审美、娱乐和文化需要为目的，离开常住地到异地的非定居性旅行。旅游活动与生俱来的一些特点使得旅游纠纷容易产生。

(1)旅游的流动性、异地性、暂时性特点使旅游者在旅游活动中置于一种完全陌生的环境中，而旅游者在旅游中追求愉悦与放松的特征又使得他们缺乏必要的防范，出现消费攀高、道德感弱化、文化干涉等行为。这是纠纷容易产生的原因之一。

(2)游客的心理期望值高。旅游者旅游的目的不是谋生，而是为了满足精神方面的需求，他们对行程一般有较高的期望值。而期望值越高，越容易对实际旅游过程产生不满。因此，再完美的旅行，也可能会在他们心中留下些许遗憾。

(3)旅游活动周期一般较长，少则几天，多则十几天、数十天，无论是游客还是导游在这么长的时间里都易疲劳，甚至烦躁和焦虑。这也是引发纠纷的重要因素。

(4)旅游活动内容复杂，一般都包括吃、住、行、游、购、娱等多项内容。活动内容的复杂性为旅游纠纷的产生提供了多种可能。

(5)旅游活动涉及的单位很多，旅行社不仅要与景区景点打交道，还要与交通运输企业、餐饮企业、住宿企业、商场商店、娱乐企业等单位打交道，其中任何一个环节出现问题,都有可能成为纠纷的导火索。

[案例]

某旅行社每次都把团队餐固定地安排在某餐厅,该餐厅的服务、饭菜质量都是上乘,为旅行社赢得不少声誉。但有一天该餐厅却一反常态,不仅上菜慢,菜的口味也差了,还上错了菜,导致游客不满而引发纠纷。事后旅行社才知,原来当时餐厅员工因工资问题正与餐厅老板闹纠纷。

(6)旅游者往往是一个团体,而且是有着巨大差异的团体,旅游者的生活环境、年龄、职业、文化程度、欣赏水平、兴趣爱好、风俗习惯等都可能存在较大差异,他们对旅游的感受、对导游人员接待服务的要求也可能不同。这种差异有时会使旅行社和导游面临左右为难的境地,无法做出正确的决策。

(7)在旅游过程中,导游人员是旅游团的中心,是“领导”,是“老师”,也是“管家”,承受着巨大的心理压力。而导游人员的服务内容又极其繁杂,既有脑力劳动,又有体力劳动。有人曾把导游人员接待服务归纳为八项内容:语言翻译、参观导游、生活服务、政策宣传、对外调查、安全保卫、座谈报告和财务统计。这些内容每一项都不简单。而且,导游人员接待过程中还可能会有各种难以预料的突发性事件发生,需要导游妥善处理。尤其是旅游旺季,导游员往往连轴转,无法保证正常休息。繁重的工作、巨大的压力,容易影响导游人员情绪,造成工作失误,导致纠纷的发生。

[补充阅读]

据报载,2007年4月,云南丽江发生了一位导游人员砍伤20人的事件。据说事件起因是这名导游人员(全陪)在行程中多次与地陪发生争执。但为此竟然挥刀连伤无辜人员20人,实在让人吃惊。事件的发生可能有很多原因,导游的心理负担重应是其中之一。因此,关心导游人员的工作和生活,切实为导游人员减压,应摆上旅行社的工作日程。

(二)旅游合同的缺陷为纠纷埋下隐患

合同能明确旅行社和旅游者间的权利义务关系,尤其是书面合同,将这些权利义务关系固定下来,使之有据可查,这可以最大限度地避免纠纷。但合同也不是万能的:旅游中的突发性事件可能进不了合同内容;有些合同条款含糊,易产生歧义;有些合同遗漏了重要内容,等等。这些都可能为纠纷埋下隐患。

(三)旅行社和导游的不规范服务导致纠纷

在旅游活动中,旅行社和导游人员的不规范服务是许多纠纷产生的重要原因。如旅行社的虚假宣传行为、不正当竞争行为、擅改旅游线路行为等。游客接触的旅行社人员一般只有导游人员,导游人员实际上成了旅行社的代表。导游人员的不规范、不合理的言行也很容易引起纠纷。这些言行主要有:

(1)减少游览景点或减少游览时间,改变游览线路,增加购物次数;

(2)导游人员不予讲解或讲解质量差;

(3)导游人员行程安排不合理,组织能力欠缺,给游客带来不便;

(4)极力向游客推荐自费项目;

(5)导游人员不热情、不诚信、缺乏耐心;

(6)导游人员对游客不能做到一视同仁,让游客有"厚此薄彼"的感觉。

(四)游客的过度维权导致纠纷

相对于专业化的旅行社而言,游客处于弱势,因此,在出现纠纷时人们习惯于从旅行社方面找原因。但不能否认,实践当中游客的过度维权也会导致纠纷的发生。由于角色不同,游客与旅行社看问题的角度可能不一样;由于专业背景不同,游客对旅游服务的理解也可能与旅行社存在差异,旅游过程中出现这些分歧都是正常现象。但有些游客在面对这些分歧的时候表现得不够理智,提出一些不合理的要求,甚至故意刁难导游。这种因游客的不合理要求导致的纠纷在旅游纠纷中也占相当的比重。

二、旅游纠纷的影响

产生纠纷毕竟不是好事,在纷争之中不会有赢家。旅游纠纷至少会带来如下几方面的不良影响:

(一)影响游客的旅游满意度

旅游活动是一种具有广泛文化性的以审美为特征的活动。旅途当中,游客不仅在欣赏自然的美和文化的美,也在欣赏生活的美。纠纷和争执会使所有的美都荡然无存。纠纷会使游客的心情蒙上阴影,使本该兴趣盎然的旅游活动变得索然无味。

(二)影响旅行社的形象

旅游纠纷,无论大小,无论是否得到解决,都将影响旅行社的形象。即使是旅行社有理的情况下,纠纷也会给旅行社的形象带来一些负面影响,从而影响旅行社的经营。

(三)影响导游的形象

在带团过程中,导游人员应善于在旅游者中为自己塑造良好的形象。这有助于帮助导游员赢得游客的好感,提高游客对导游员的信任程度,缩短与旅游者之间的心理距离,从而有助于导游员顺利完成自己的导游任务。而导游人员和游客一旦产生纠纷,不管谁有理,都将影响导游人员在游客心中的形象。这是因为,导游人员与游客的角色不同,导游人员理应体现出较高的服务素质和服务诚意。因此,有人说,旅途当中,只有不合格的导游人员而没有不合格的旅游者,这话有一定的道理。

(四)影响我国和谐社会的建设

旅游业能促进各行业的和谐发展,缩小地区间的差异,帮助实现人与自然的和谐相处,创造国际合作的和谐环境,一句话,旅游业对构建和谐社会起着重要的作用。旅游纠纷的产生,不仅会影响游客的旅游,也会影响旅行社的正常经营活动。若纠纷得不到及时有效的解决,必将影响旅游业的健康发展,损害正常的经济和社会秩序,损害改革发展稳定的大局,影响我国社会主义和谐社会的构建。

三、旅游纠纷产生的法律责任

旅游纠纷可能通过协商以和解的方式解决,也可能以纠纷一方或双方承担一定的法律责任的方式而解决。

法律责任是指行为人由于违法行为、违约行为或者由于法律规定而应承受的某种不利的法律后果。它是国家强制责任人做出一定行为或不做出一定行为,救济受到侵害或损害的合法利益和法定权利的手段,是保障权利义务实现的手段。法律责任可分为三种:刑事责任、行政责任和民事责任。本书所探讨的是旅游纠纷产生的民事责任。

民事责任是指民事主体违反合同义务或法定民事义务而应承担的法律后果。旅游纠纷产生的民事责任可以作如下分类:

(一)合同责任与侵权责任

合同责任是指因违反合同法规定的义务或当事人约定的义务而产生的责任,如缔约过失责任、违约责任等。旅游纠纷所产生的合同责任主要是违约责任。

侵权责任是指行为人不法侵害社会公共财产或者他人财产、人身权利而应承担的民事责任。如旅行社因过错致使游客身体受到伤害而应承担的责任。

(二)财产责任与非财产责任

这是以民事责任是否有财产内容来分的。财产责任是指让违法行为人承担财产上的不利后果,从而使受害人得到财产上的补偿的责任。旅游纠纷中的这类责任主要表现为返还财产、赔偿损失、支付违约金等。

非财产责任是指为消除或防止损害后果使受损害的非财产权利得到恢复的民事责任。旅游纠纷中的这类责任主要表现为消除影响、恢复名誉、赔礼道歉等。

财产责任会受到承担责任一方的财产状况的限制,如有的旅行社可能因财力有限无力赔偿旅游者的损失。但非财产责任不会受此限制。财产责任与非财产责任可以并用,如既给予经济赔偿又赔礼道歉。

(三)单独责任与共同责任

单独责任是指由一个旅游主体独立承担的责任。如某一责任由旅行社单独承担,这就属于单独责任。

共同责任是指由两个或两个以上的旅游主体共同实施违法行为且有过错而应承担的责任。它又分为按份责任和连带责任。按份责任是指多个旅游主体按照法律规定或当事人间的约定各自承担一定份额的责任。各责任人之间没有连带关系,各自只承担自己的份额。连带责任是指因违反连带债务或共同实施侵权行为而应当承担的责任。各责任人之间具有连带关系,即不分份额、不分顺序,根据权利人的请求而承担责任。在权利人请求时,各责任人都有义务承担。责任人承担的超出自己应承担的份额的责任可以向其他相关责任人追偿。在旅行社承担的责任当中,连带责任还是比较常见的。

第三节　解决旅游纠纷的适用法律

既然在纠纷之中不会有赢家,因此,面对纠纷最好的方式是预防。但预防得再好,也不可能将所有的纠纷都消除在萌芽状态。对旅行社来说,如何解决旅游纠纷是一个不可回避的现实问题。

目前解决旅游纠纷的主要方式有协商、调解、投诉、仲裁和诉讼 5 种,无论采用哪一种方式,都需要对旅游纠纷进行梳理、判断,以明辨是非。解决纠纷的过程实际上也是明辨纠纷当事人是非对错的过程,而其判断依据就是有关的法律法规。对仅涉及民事争议的纠纷而言,双方签订的合同也是纠纷解决的依据,但合同同样要遵守法规的规定。

在我国,解决旅游纠纷可能要用到的法律和法规有很多,我们可以把这些法律法规分成两类,一类是基本适用于旅游业的旅游法规,另一类是既适用于旅游业,同时也适用于其他行业的通用的法律法规。下面我们把在解决旅游纠纷时可能要用到的法律法规列出,同时还列出颁布或实施时间,便于大家查找、参考。

一、旅游法规

(一)国务院行政法规

(1)《旅行社管理条例》。1985 年 5 月 11 日,国务院颁布了《旅行社管理暂行条例》,这是我国旅游法制史上的第一个行政法规。1996 年 10 月 15 日,国务院发布了《旅行社管理条例》。2001 年 12 月 11 日,国务院又签发第 334 号令公布《国务院关于修改〈旅行社管理条例〉的决定》。新的《旅行社管理条例》不仅更能适应我国旅游业对外开放的需要,也更好地履行了我国的入世承诺。

(2)《导游人员管理条例》。1987 年 12 月 1 日,经国务院批准,国家旅游局发布《导游人员管理暂行规定》。该规定为我国导游人员的管理提供了法律依据。1999 年 5 月 14 日,为规范导游活动,保障旅游者和导游人员的合法权益,针对导游人员管理方面出现的新问题,国务院发布了《导游人员管理条例》,1999 年 10 月 1

日起施行。条例的实施,极大地促进了我国导游人员队伍的建设和发展。

(3)《中国公民出国旅游管理办法》。1997 年 7 月 1 日,国家旅游局、公安部经国务院批复,联合发布了《中国公民自费出国旅游管理暂行办法》,它标志着我国公民自费出国旅游的开始。随着我国公民出国旅游的迅速发展,2002 年 5 月 27 日,国务院签署第 354 号国务院令公布了《中国公民出国旅游管理办法》,自 2002 年 7 月 1 日起施行。

(二)旅游部门规章

(1)旅行社管理方面:《旅行社管理条例实施细则》(国家旅游局 2001 年 12 月 27 日发布)、《旅行社质量保证金暂行规定》(国家旅游局 1995 年 1 月 1 日发布)、《旅行社质量保证金暂行规定实施细则》(国家旅游局 1995 年 1 月 1 日发布)、《旅行社质量保证金赔偿暂行办法》(国家旅游局 1997 年 3 月 27 日发布)、《旅行社质量保证金赔偿试行标准》(国家旅游局 1997 年 3 月 27 日发布并实施)。

(2)导游人员管理方面:《导游人员管理实施办法》(2002 年 1 月 1 日起施行,并于 2005 年 6 月修订)、《导游证管理办法》(2002 年 4 月 1 日起实施)、《出境旅游领队人员管理办法》(国家旅游局 2002 年 10 月 28 日颁布实施)、《导游人员等级考核评定管理办法(试行)》(国家旅游局 2005 年 6 月 3 日公布)。

(3)旅游资源管理方面:《旅游景区质量等级评定管理办法》(国家旅游局 2005 年 7 月 6 日公布,2005 年 8 月 5 日起施行)。

(4)旅游者出入境管理方面:《边境旅游暂行管理办法》(国家旅游局 1997 年 10 月 15 日颁布)、《大陆居民赴台湾地区旅游管理办法》(国家旅游局、公安部、国务院台湾事务办公室 2006 年 4 月 16 日颁布实施)、《中国公民出境旅游突发事件应急预案》(国家旅游局、外交部 2006 年 4 月 25 日颁布实施)。

(5)旅游安全方面:《旅游安全管理暂行办法》(国家旅游局 1990 年 2 月 20 日颁布,1990 年 3 月 1 日起实施)、《重大旅游安全事故报告制度试行办法》(1993 年 4 月 15 日颁布实施)、《重大旅游安全事故处理程序试行办法》(1993 年 4 月 15 日颁布实施)、《旅游安全管理暂行办法实施细则》(1994 年 1 月 22 日颁布,1994 年 3 月 1 日起实施)、《漂流旅游安全管理暂行办法》(1998 年 4 月 7 日颁布,1998 年 5 月 1 日实施)、《旅游突发公共事件应急预案》(国家旅游局 2006 年 7 月 6 日颁布)。

(6)旅游保险方面:《旅行社投保旅行社责任保险规定》(国家旅游局 2001 年 4 月 25 日颁布,2001 年 9 月 1 日起施行)。

(7)旅游纠纷方面:《旅游投诉暂行规定》(国家旅游局 1991 年 6 月 1 日发布,1991 年 10 月 1 日正式实施)、《全国旅游质量监督管理所机构组织与管理暂行办法》(国家旅游局 1997 年 3 月 27 日发布并实施)。

(三)规范性文件

《关于授予口岸签证机关团体旅游签证权的通知》(公安部、国家旅游局

2001年10月24日颁布实施）、《关于旅行社组织内地居民赴香港澳门旅游有关问题的通知》（国家旅游局2002年9月19日发布）、《关于进一步做好旅游保险工作的意见》（中国保险监督管理委员会、国家旅游局2006年7月6日发布），等等。

（四）国家标准及行业标准

《导游服务质量》（GB/T 15971—1995）、《旅游服务基础术语》（GB/T 16766—1997），《导游员职业等级标准》（国家旅游局制定）、《旅游饭店星级的划分与评定》（GB/T 14308—2003，2003年12月1日实施）、《中国旅游饭店行业规范》（2002年5月1日实施）、《星级饭店访查规范》（LB/T 006—2006，国家旅游局2006年3月7日颁布实施）、《旅游区（点）质量等级的划分与评定》（GB/T 17775—2003）、《旅行社出境旅游服务质量》（LB/T 005—2002）、《中国公民出境旅游合同（示范文本）》（国家旅游局、国家工商行政管理总局2007年3月发布）等。

（五）地方旅游法规

地方旅游法规是指由地方人大制定的综合性旅游法规。自从1995年6月海南省制定我国第一部地方旅游法规以来，全国省级行政单位基本都有了综合性旅游法规。如《北京市旅游管理条例》、《河北省旅游条例》、《上海市旅游条例》、《吉林省旅游条例》、《广东省旅游管理条例》等。

二、其他法律法规

这些法律法规虽然不属于旅游立法，但其内容却与旅游业密切相关，在解决旅游纠纷时也可能要用到。这些法律法规主要有以下几个方面：

（1）旅行社管理方面：《中华人民共和国公司法》（2005年修订，2006年1月1日起施行）。

（2）旅游消费者权益保护方面：《中华人民共和国消费者权益保护法》（1993年10月31日颁布，1994年1月1日起施行）、《中华人民共和国反不正当竞争法》（1993年9月2日颁布，1993年12月1日起施行）、《零售商促销行为管理办法》（商务部、国家发展改革委员会、公安部、税务总局、工商行政管理总局2006年9月12日颁布，2006年10月15日起施行）。

（3）旅游合同方面：《中华人民共和国民法通则》（1987年1月1日起施行）、《中华人民共和国合同法》（1999年10月1日起施行）。

（4）旅游饭店管理方面：《旅馆业治安管理办法》（公安部1987年11月10日颁布实施）、《中华人民共和国消防法》（1998年4月29日颁布，1998年9月1日起施行）。

（5）旅游交通运输管理方面：《中华人民共和国民用航空法》（1996年3月1日起施行）、《中国民用航空旅客、行李国内运输规则》（2004年修订，2004年8月12

日起施行)、《中国民用航空旅客、行李国际运输规则》(1998 年 4 月 1 日起施行)、《国内航空运输承运人赔偿责任限额规定》(2006 年 3 月 28 日起施行)、《中华人民共和国铁路法》(1991 年 5 月 1 日起施行)、《铁路旅客运输规程》(1997 年 12 月 1 日起施行)、《铁路旅客人身伤害及自带行李损失事故处理办法》(2003 年 8 月 1 日铁道部令第 12 号公布)、《旅游专列运输管理办法》(2000 年 4 月 25 日起施行)、《中华人民共和国公路法》(2004 年 8 月第二次修正)、《中华人民共和国道路交通安全法》(2004 年 5 月 1 日起施行)、《中华人民共和国道路交通安全法实施条例》(2004 年 5 月 1 日起施行)、《中华人民共和国道路运输条例》(2004 年 7 月 1 日起施行)、《道路旅客运输及客运站管理规定》(2005 年 8 月 1 日起施行)、《汽车旅客运输规则》(1988 年 8 月 1 日起施行)、《汽车运价规则》(1998 年 10 月 1 日起施行)等。

(6)食品卫生管理方面:《中华人民共和国食品卫生法》(1995 年 10 月 30 日公布施行)、《国务院关于进一步加强食品安全工作的决定》(国务院 2004 年 9 月 1 日颁布)、《超市食品安全操作规范(试行)》(商务部 2006 年 12 月 8 日发布实施)。

(7)旅游者出入境管理方面:《中华人民共和国外国人入境出境管理法》(1985 年 11 月 22 日公布,1986 年 2 月 1 日起施行)、《中华人民共和国外国人入境出境管理法实施细则》(1986 年 12 月 27 日公安部、外交部发布,1994 年 7 月修订,1994 年 7 月 15 日实施)、《中华人民共和国公民出境入境管理法》(1985 年 11 月 22 日公布,1986 年 2 月 1 日起施行)、《中华人民共和国公民出境入境管理法实施细则》(1986 年 12 月 26 日公安部、外交部、交通部发布,1994 年 7 月修订,1994 年 7 月 15 日实施)、《中华人民共和国护照法》(2006 年 4 月 29 日公布,2007 年 1 月 1 日起施行)、《中华人民共和国海关法》(1987 年 1 月公布,2000 年修改,2001 年 1 月 1 日起施行)、《中华人民共和国出境入境边防检查条例》(国务院 1995 年 7 月 20 日颁布,1995 年 9 月 1 日起施行)。

(8)旅游资源管理方面:《风景名胜区条例》(国务院 2006 年 9 月 19 日公布,2006 年 12 月 1 日起施行)、《中华人民共和国自然保护区条例》(国务院 1994 年 10 月 9 日发布,1994 年 12 月 1 日起实施)、《中华人民共和国文物保护法》(2002 年 10 月 28 日公布施行)、《中华人民共和国文物保护法实施条例》(2003 年 7 月 1 日起施行)。

(9)旅游安全方面:《特别重大事故调查程序暂行规定》(国务院 1989 年 3 月 29 日颁布实施)、《关于处理涉外案件若干问题的规定》(外交部、最高人民法院、最高人民检察院、公安部、国家安全部、司法部 1995 年 6 月 20 日颁布施行)。

(10)旅游保险方面:《中华人民共和国保险法》(1995 年颁布施行,2002 年修订)。

(11)旅游纠纷方面:《中华人民共和国民事诉讼法》(1991 年 4 月 9 日起施行)、《中华人民共和国仲裁法》(1995 年 9 月 1 日起施行)等。

关键词汇

旅游纠纷　旅游　法律责任　民事责任　合同责任　侵权责任　财产责任　非财产责任　单独责任　按份责任　连带责任

经典案例

2006年“五一”黄金周期间，某旅行社组织了一个20人的旅游团赴华东地区旅游。时间是1号起程，6号晚上乘特快列车返程。由于旅行社准备充分，组织工作做得也不错，行程的头几天还比较顺利。但是，在返程的前一天，地接社告诉旅行社全陪，由于黄金周期间车票紧张，地接社经多方努力，仍然买不到合同中约定的特快列车车票，只买到了普快列车车票，普快列车开车时间与特快列车差不多，只不过比特快要晚8小时到达游客住地。全陪认为只要把票价差额退还游客，游客应该也能接受。但当全陪把这一消息告诉游客时，游客的反应异常激烈，表示坚决不乘坐普快列车，要求旅行社无论如何要想办法换乘特快列车。但车票这样的事并非旅行社能左右，换乘特快列车是不可能了。全陪请示了旅行社，旅行社领导表示不仅退还票价差额，旅行社还承担因延迟到达而增加的费用并可给予游客适当补偿，只要他们能按时回来，一切按规定办。游客则认为，旅行社违约在先，造成他们延迟到达，应给予他们每人至少800元的赔偿，否则就拒绝返程。旅行社认为800元的赔偿太多，具体赔偿数额应按规定办，也可走法律渠道，因此拒绝了游客的要求。由于双方未能达成一致意见，游客果真拒绝返程。最后，在相关部门协调下，游客于7号晚返程。

请问：

(1)这次旅游纠纷产生的原因是什么？旅行社解决纠纷的方式合理吗？

(2)游客有哪些解决纠纷的方式？他们提出的解决纠纷的办法合理吗？

(3)由于游客滞留造成的损失应由谁承担？

分析：(1)这次旅游纠纷产生的原因是接待方没有买到合同约定的车票，旅行社存在一定的违约。从这一事例也可以看出，旅游接待工作有其复杂性，很多因素并非旅行社能左右，即使旅行社做了很多努力，也不一定能排除一些意外情况的出现。面对这一纠纷，旅行社积极想办法予以解决，如表示将退还票价差额、承担新增费用、按规定给予补偿等。应该说，这些措施是合理的，也体现了旅行社解决纠纷的诚意。

(2)面对这一纠纷，游客可与旅行社进行协商，争取实现和解；如果协商不成，可以请有关部门或人员调解，可以向有关部门投诉，可以向仲裁机构申请仲裁，也可以向法院起诉。但游客单方面提出了自己拟定的赔偿标准，且不容商量。当旅行社拒绝接受这一条件时，游客拒绝返程，这种解决纠纷的方式是不合理的，属于过度维权的表现。

(3)游客的滞留必然人为地给旅游者和旅行社带来不必要的损失。我国《合同法》第一百一十九条规定:"当事人一方违约后,对方应当采取适当措施防止损失的扩大;没有采取适当措施致使损失扩大的,不得就扩大的损失要求赔偿。"由此可见,因游客的滞留带来的损失应由旅游者自身承担。

思考与训练

1. 旅游纠纷有哪几种分类方式?

2. 为什么说旅游本身的特点容易导致旅游纠纷?

3. 旅游纠纷的产生主要有哪些方面的原因?

4. 旅游纠纷产生的民事责任有哪些种类?

5. 目前解决旅游纠纷的途径主要有哪些?

6. 课堂讨论:有人说,旅游纠纷太常见了,我们既不能忽视它,也别把它看得太重要。你觉得这句话对吗?

7. 实践训练:举例说明什么是连带责任。

8. 实践训练:列举生活中常见的旅游纠纷,分析它们分别属于旅游纠纷中的什么类别。

9. 实践训练:2006 年 8 月,一游客参加了某旅行社组织的旅游活动,其中有一个旅游项目是在某旅游公司经营的浴场游泳。不幸的是,该游客在游泳过程中溺水,工作人员将他救上岸,但终因抢救无效死亡。游客的家人将旅行社和旅游公司告上法院,法院判决旅行社和旅游公司赔偿死者家属 40 万元。

请分析本案中旅行社和旅游公司承担的法律责任。

(提示:本案中,旅行社和旅游公司承担的都是民事责任。旅行社违反了旅游合同约定的义务,也侵犯了游客的生命权,所以旅行社承担的既是违约责任也是侵权责任,同时也是财产责任。旅行社和旅游公司都有赔偿义务,二者承担的是连带责任。)

第二章　旅游保险概述

本章导读

尽管安全是旅游的前提，但旅游却难免伴随着风险和纠纷。近年来，随着我国旅游业的快速发展和旅游人数的大量增加，旅游各环节中的自然灾害、法律责任、意外事故等风险和各种旅游纠纷日益突出。旅游保险虽然不能从根本上消除风险与纠纷，但却能有效地分散危险、减少损失并在一定程度上预防风险和纠纷的发生。因此，旅游保险越来越受到人们的重视。本章主要介绍了保险的概念和分类、旅游保险的概念与特点、旅游保险的分类和旅游保险的意义等内容。

第一节　保险的概念和分类

一、保险的概念

保险是指以集中起来的保险费建立保险基金，用于对被保险人因保险事故造成的经济损失进行补偿，或对被保险人的人身伤亡或疾病等给予保险金的行为。

[补充阅读]

关于保险，至今还没有为学者所普遍认同的定义。我国《保险法》第二条对保险的定义是："本法所称保险，是指投保人根据合同约定，向保险人支付保险费，保险人对于合同约定的可能发生的事故因其发生所造成的财产损失承担赔偿保险金责任，或者当被保险人死亡、伤残、疾病或者达到合同约定的年龄、期限时承担给付保险金责任的商业保险行为。"

二、保险的基本构成要件

从经济学角度来说，保险的意义在于将风险分散，以减轻其危害。保险之所以能做到这一点，与其基本构成要件有关。保险的基本构成要件有三：

（一）风险的存在

风险是指尚未发生而可能发生的危险。任何时候、任何人都不可能保证百分之百的安全，风险总是伴随着人类的活动而存在。风险的种类有很多，按照风险的对象可以分成人身风险、财产风险和责任风险；按照风险的原因可以分成自然风险、社会风险和经济风险。

客观存在的风险，是保险存在的前提。没有风险，保险也就失去了存在的价值。

(二)损失的补偿

除法律、行政法规规定必须保险的以外，投保是一种自愿行为。而投保人之所以愿意支付保险费投保，目的是使保险事故(保险合同中约定的保险责任范围内的事件)所造成的损失能得到补偿。当然，如果在约定的期限内保险事故没有发生，投保人既得不到补偿也不能收回已支付的保险费，但毕竟这一损失比起保险事故发生而带来的损失要小得多。

(三)存在众多投保人

保险是分散风险、减少损失的一种有效方式，其基本特点是投保人以较少的保险费支出可能换取较大的保险金赔付。而这些保险金实际上是大家所支付的保险费。这在客观上要求有众多人员投保，形成一笔数量可观的保险基金，否则的话，保险金将成为无源之水、无本之木，保险制度也将难以维系。

[小资料]

世界上最早的"保险"

保险的历史，可追溯到两千年前。当时地中海航行的船只遇到风浪时，为免翻船，最有效的方法便是抛弃部分货物。于是，航海商贾便商定出一个原则："人人为我，我为人人！"这就是著名的"共同海损"之雏形。

现代海上保险源于意大利，形成于英国。1601年，英国颁布了第一部保险法，很快被其他国家仿效、借用，社会性的财产保险、责任保险、人身保险、保证保险也都应运而生。至今，项目不下几万种，从财产到伤亡、从交通运输工具到人造卫星，无所不保。

(资料来源：赵捷、谭风编著：《导游宝典——溯源集》，中国旅游出版社2006年1月第1版，第31页)

三、保险的分类

根据不同的标准，保险主要可分成下面一些类型：

(一)强制保险和自愿保险

按投保是否出于自愿，可将保险分为强制保险和自愿保险。强制保险又称法定保险，是指依据法律、行政法规的规定而强制实施的保险。如铁路旅客意外伤害强制保险、旅行社责任保险、机动车交通事故责任强制保险等都属于强制保险。强制保险多基于国家社会经济政策的需要而举办，主要适用于诸如交通工具责任、产品责任、公共责任、职业责任等领域。自愿保险是指基于投保人自己的意愿而订立的保险。对这类保险，投保人有投保的权利，也有不投保的自由，保险公司和其他人不得强迫投保人投保。生活中，这一类保险占多数。

[小思考]

我国《保险法》第十一条规定:“投保人和保险人订立保险合同,应当遵循公平互利、协商一致、自愿订立的原则,不得损害社会公共利益。除法律、行政法规规定必须保险的以外,保险公司和其他单位不得强制他人订立保险合同。”你对这段话是如何理解的?在日常生活中,还有哪些保险是强制保险?

(二)财产保险和人身保险

依据保险标的不同,可将保险分为财产保险和人身保险。财产保险是指以物或者其他财产利益为保险标的的保险。其标的一般是有形的、静态的财产,但也包括运动中的财产(运输中的货物、行驶中的车辆等)以及无形的权利和责任。人身保险是以人的生命或健康为保险标的的保险。如人寿保险、健康保险、伤残保险等。

(三)原保险和再保险

根据承担责任的次序,可将保险分为原保险和再保险。原保险又称第一次保险,是指保险人对被保险人承担直接责任的原始保险。再保险是指保险人将其承担的保险业务,以分保形式,部分转移给其他保险人。再保险是保险公司避免危险过于集中、分散赔偿责任的有效手段。我国《保险法》第一百零二条规定:“保险公司应当按照保险监督管理机构的有关规定办理再保险。”

[小思考]

保险公司进行再保险有何意义?

第二节　旅游保险的特点与分类

一、旅游风险

旅游活动也时常伴随着风险。而且,由于旅游的异地性、流动性、敏感性、综合性、依赖性等特点,使得旅游风险相对而言还比较大。比如,地震、海啸、泥石流、风暴等自然灾害的爆发,疾病的流行,经济的衰退,政治动乱,国家关系的变化等都会给旅游活动带来风险;旅游者出门在外,面临着吃、住、行、游、购、娱等各种需要,而在解决这些需求时也面临着各种风险,比如食物中毒、交通事故、游览设施故障导致安全事故、随身财物被盗、被歹徒抢劫、旅游者自身不慎而受伤等。

[补充阅读]

旅游是旅游者离开常住地到异国他乡进行的精神文化活动,具有异地性特点;在旅游过程中,游客往往不会固定地待在一个地方,而是频繁地从一个地方移动到其他地方,旅游经营者也要不停地变换服务对象,而且,旅游的异地性也必须通过游客的流动来实现,因此,旅游具有鲜明的流动性特点;旅游不是经济活动,而是一种精神活动，游客的旅游目的是寻找美和愉悦的体验，不是为了谋生，这使得参与旅游的游客相对而言更加敏感，稍有风吹草动就会影响游客的旅游动机和旅游感受，从而也会影响旅游企业和整个旅游业，因而旅游具有敏感性；旅游涉及面极广，吃、住、行、游、购、娱，无所不包，因此，旅游具有综合性特点；旅游的异地性、综合性实际上决定了旅游具有很强的依赖性，为完成旅游活动，旅游者个人要依赖旅游企业和其他相关的服务企业，旅游企业（如旅行社）也要依赖其他企业，如车船公司、饭店、商场等，缺少了任何一个环节，都会影响旅游的顺利进行，因此，旅游具有很强的依赖性。

很多旅游纠纷本身也是旅游风险，而且旅游风险在无法解决或解决不妥当时必然演化成为旅游纠纷。

旅游风险具有如下特点：

(1)不可预见性。旅游风险可能发生，也可能不发生。如果发生，其时间、地点、风险损失等也是不可预知的。而要避免风险带来损失，旅游者的最佳选择就是参加旅游保险。

(2)偶然性。旅游风险不是必然要发生的，必然要发生的风险不是风险，而是现实的危险。如果有现实的危险存在，旅游者就不会出游，保险公司也不会承保。旅游风险的发生充满着偶然，而且其发生的概率要比不发生的概率小得多。这也是保险公司敢于为旅游风险承保的因素之一。

(3)意外性。旅游风险并不是旅游者的个人意愿造成的，旅游者有意造成的风险不是旅游风险。此外，如果当事人预见到了风险发生的可能性，也采取了一定的防范措施，但由于估计不足或者措施不力，没能阻止风险的发生或减轻风险带来的损失，这也属于一种意外性的风险。

[小思考]

下列哪些属于旅游风险？

(1)旅游者自杀、跳车、酗酒、斗殴、犯罪行为等；

(2)晕车、晕机、晕船；

(3)导游人员告诫游客上山时要小心，做到“看景不走路，走路不看景”，但仍有一游客边看景边走路，结果摔成重伤。

（提示：1. 旅游者自杀、跳车、酗酒、斗殴、犯罪行为是旅游者故意造成的，不是旅游风险；2. 晕车、晕机、晕船是可预见的，也不是旅游风险；3. 此事故是游客的麻痹大意造成的，不是游客故意造成的，具有偶然性和不可预见性，属于旅游风险。）

二、旅游保险的概念与特点

（一）旅游保险的概念

如前所述，旅游活动中存在很多风险。而一旦发生风险，将危及旅游者的人身和财产安全,也将损害旅行社的利益。参加旅游保险可以在一定程度上实现风险转移,减少旅游者和旅行社的损失。所谓旅游保险,是指旅游者或旅游企业向保险人支付保险费,保险人对于在旅游活动中发生的保险事故所造成的经济损失进行补偿,或对被保险人在旅游活动中的人身伤亡或疾病等给予保险金的行为。

旅游保险是保险业务的一个组成部分,它与普通保险最大的不同就体现在旅游保险与旅游活动密切相关,是保险业在旅游业中的体现。

[小资料]

旅游保险并不是一个独立的险种,它是旅游活动中各种保险项目的总称。如旅行社责任保险、旅游人身伤害保险、旅游意外保险、旅游救助保险等都是旅游保险的组成部分。广义的旅游保险还包括旅客铁路旅行保险、旅客航空旅行保险、旅客公路旅行保险等。

(二)旅游保险的特点

1.强制保险和自愿保险相结合

旅游保险多数情况下为自愿保险,保险公司和其他人不得强制旅游者或企业订立保险合同。但旅游保险中也存在强制保险,如旅行社从事旅游业务经营活动,必须投保旅行社责任保险。

2.有偿性

旅游者或旅游企业投保旅游保险,必须向保险人支付保险费,否则不能投保。

3.互助性

保险属于互助合作行为,通过多数人投保以补偿少数人的损失。旅游保险也是如此,少数人获得的保险赔付是以大量的游客或旅游企业缴纳的保险费为基础的。

4.短期性

旅游保险的保险期一般是旅游活动期间,因此,相对而言,旅游保险具有短期性特点。如游览中的保险只是从游客检票进入到游览完毕为止,时间很短。

三、旅游保险的分类

根据不同的标准,旅游保险可分成许多类型,主要有:

(一)旅游人身保险和旅游财产保险

根据保险对象的不同,旅游保险可分为旅游人身保险和旅游财产保险。以旅游者人身作为保险对象的称为旅游人身保险;以旅游者携带的财产为保险对象的称为旅游财产保险。

(二)强制保险和自愿保险

这是以旅游保险成立的方式为标准来划分的。凡是国家强制规定予以保险的称为强制保险,它对投保人、保险人均具有强制性;旅游当事人出于自己的意愿购买的保险为自愿保险。

(三)旅游意外保险与旅游责任保险

这是以保险责任为标准来划分的。保险人承担自然灾害和意外事故带来损害的保险为旅游意外保险;保险人承担旅游服务部门服务责任的保险为旅游责任保险。

此外,根据旅游者在旅游中的活动项目和范围,可将旅游保险分为游览观光旅游保险、旅客铁路旅行保险、旅客航空旅行保险、住宿旅客平安保险等。

四、旅游保险的意义

(一)有利于增加旅游者的安全感,减轻旅游者的损失

旅游保险具有损失补偿功能,这能有效地增强旅游者抵御灾害的能力,增强旅游者的安全感。

(二)有利于旅行社抵御经营风险,保障旅行社的正常经营

我国的旅行社多数是中小型旅行社,资金少,实力弱,抵御风险的能力差。一件稍微严重一点的事故对某些旅行社可能就是致命的,如,一件游客人身伤亡事故可能就足以使许多中小旅行社关门。旅游保险可以大大减轻旅行社的经营风险,增强其抗风险的能力,保障旅行社的正常经营。

(三)有利于旅游业的健康发展

旅游保险对繁荣我国的旅游事业,保证旅游事业健康有序发展有重要作用。旅游保险业通过其经济补偿和辅助管理职能,保障了广大游客及旅游经营者的合法权益,免除其旅游和旅游经营的后顾之忧,使旅游者和旅游从业人员在旅游中有一个轻松愉快的心情,从而有利于旅游服务工作的开展和旅游服务质量的提高。由于旅游风险转移到保险公司,旅游企业能够将更多的精力投入到加强管理和提高服务质量上去,从而为旅游业整体服务水平的提高创造了条件。而且,由于旅游保险能及时对损失进行补偿,有利于当事人化解矛盾,减少旅游纠纷。

(四)有利于我国保险事业的发展

旅游保险是实现旅游安全的重要保障,也是保险业发展的重要领域。游客和旅游经营者投保积极性的提高,旅游保险覆盖面的扩大,各类投保率的上升,有利于保险业积累资金,扩充实力,改善服务,增强抵御风险的能力。同时,保险事业的发展又有利于保险企业完善旅游保险产品体系,提高旅游保险服务质量和水平,使保险业和旅游业形成良性循环。

关键词汇

保险　风险　强制保险　自愿保险　财产保险　人身保险　原保险　再保险　旅游保险　旅游意外保险　旅游责任保险

经典案例

某公司委托某旅行社组织本公司员工赴外地春游。公司和旅行社在国内旅游合同中明确约定，由旅行社为本次旅行的员工投保中国人寿的旅游责任险和人身意外险，并明确4元一份，保险金额为6万。该公司支付的旅游费用中也明确包括了保险费用。

旅游期间，大家相处非常愉快。谁知天有不测风云，在某一景点，员工小吴突然说胸闷，支撑不住，并很快瘫倒在地，经抢救无效死亡。经医院尸检，结论是小吴因急性心肌梗塞导致猝死。

大家对此感到十分痛心，而唯一能够为小吴家属做的，就是争取多一点的赔偿。可是当公司要求旅行社代为向保险公司索赔时，才知道旅行社并没有按合同约定购买旅游意外保险。原来，旅行社工作人员为图方便，也抱着侥幸心理，竟自作主张不去办理投保。此事后来经协商解决，由旅行社一次性支付6万元给该公司转交给死者家属。

请谈谈本案例对我们有哪些启示。

分析：(1)旅游风险无处不在，多一份保险就多一分保障。如果该公司没有想到为员工投保，小吴家属将得不到赔偿。该公司的这种较强的旅游保险意识，有效地维护了员工的利益。(2)小吴的猝死并不是旅行社的责任，旅行社本来不必赔偿，但是，旅行社的过错在于，由于其员工缺乏保险意识，抱着侥幸心理，自作主张不为游客办理投保，使得该公司无法向保险公司索赔。旅行社理应为自己的过错承担责任。(3)旅行社主动支付与保险金等额的赔偿金，是解决此次旅游纠纷的一个较积极的方式，因为若起诉到法院，旅行社不仅同样可能面临赔偿，还将影响旅行社的声誉，损失将更大。

思考与训练

1. 保险的基本构成要件有哪些？
2. 根据不同的标准，保险主要可分成哪些类型？
3. 旅游风险具有哪些特点？
4. 旅游保险有哪些特点？
5. 课堂讨论：旅游保险有何意义？
6. 实践训练：某旅行社组织一批游客在一湖区乘船游览，但游船发生了意外沉没，造成一名游客死亡。据悉，该名游客投保了意外伤害险。请问，该游客的家属能得到赔偿吗？怎样得到赔偿？

（提示：该游客的家属可以得到赔偿。首先，其家属可选择向旅行社和游船管理者或游船所有者索赔，旅行社投保了旅行社责任险，旅行社可要求保险公司先予赔偿；其次，该游客投保了意外伤害险，可据此向保险公司索赔。）

第二编

旅游纠纷预防篇

第三章　明辨权利义务预防纠纷

本章导读

纠纷之中没有赢家。因此,对待旅游纠纷最好的办法是预防,想办法避免产生纠纷,或者及时亡羊补牢,将纠纷消除在萌芽状态。而要预防纠纷,首先必须明确各自的权利和义务,做到既履行自己的义务,又不侵犯他人权利,最大限度地消除纠纷产生的可能性。本章分别介绍了旅游者的权利和义务、旅行社的权利和义务、导游人员的权利和义务。

第一节　旅游者的权利和义务

旅游者的权利是旅游经营者不可跨越的红线。旅行社的工作人员必须了解旅游者有哪些权利,这样才有可能做到不去冒犯这些权利。我国并没有专门的法律规定旅游者有哪些权利,但就我国的旅游者来说,他们首先是我国的公民,享有公民的基本权利;他们还是消费者,享有消费者的权利。这样,我们可以从这两方面归纳旅游者的权利。旅游者在享受权利时,自然也要履行义务。我们了解这些义务有利于我们有针对性地开展工作。

一、宪法赋予我国公民的基本权利

公民权利,是指法律对公民在国家和社会生活中能够做出或不做出一定行为,以及要求他人做出或不做出一定行为的许可和保障。公民的基本权利,是指公民应当享有的最主要的权利。这也是旅行社和导游人员首先应该了解的旅游者的权利。根据宪法规定,我国公民享有以下基本权利:

（一）平等权

我国《宪法》第三十三条规定："中华人民共和国公民在法律面前一律平等。国家尊重和保障人权。任何公民享有宪法和法律规定的权利，同时必须履行宪法和法律规定的义务。"这表明，我国公民享有平等权。公民的法律地位平等，任何公民都不得有超越宪法和法律的特权，国家机关在适用法律上对任何公民一律平等，任何公民的违法行为都平等地依法予以追究和制裁。

（二）政治权利和自由

政治权利和自由，是指公民有权参与国家政治生活，在政治上享有表达个人见解和意愿的自由。政治权利和自由，体现了社会主义民主政治的要求。

（1）选举权和被选举权。选举权是指公民参加选举国家代表机关代表和国家机关公职人员的权利，具体包括选择权、罢免权、监督权，是人民参加国家管理的最重要的权利。宪法规定，没有被依法剥夺政治权利的年满18周岁的公民，不分民族、种族、性别、职业、家庭出身、宗教信仰、教育程度、财产状况、居住期限，都有选举权和被选举权。

（2）政治自由。我国宪法规定，中华人民共和国公民有言论、出版、集会、结社、游行、示威的自由。这是公民表达个人见解和意愿，参与正常社会活动和国家管理的一项基本权利。但公民必须依法行使这些政治自由，并不得损害国家的、社会的、集体的利益和其他公民的合法的自由和权利。

（三）宗教信仰自由

公民有宗教信仰自由，包括：既有信仰宗教的自由，也有不信仰宗教的自由；有信仰这种宗教的自由，也有信仰那种宗教的自由；在同一宗教里，有自由选择教派的自由；有过去不信教而现在信教的自由，也有过去信教而现在不信教的自由。任何国家机关、社会团体和个人不得强制公民信仰宗教或者不信仰宗教，不得歧视信仰宗教的公民和不信仰宗教的公民。同时，国家保护正常的宗教活动，任何人不得利用宗教进行破坏社会秩序、损害公民身体健康、妨碍国家实施各项制度的活动。宗教团体和宗教事务，不受外国势力的支配。

（四）人身自由

人身自由是公民最重要的基本权利之一，是公民参加社会活动，实现其他权利的基础。主要内容包括：

（1）公民的人身自由不受侵犯。任何公民，非经人民检察院批准或者决定，人民法院决定并由公安机关执行，不受逮捕；禁止非法拘禁和以其他方法非法剥夺或者限制公民的人身自由，禁止非法搜查公民的身体。

（2）公民的人格尊严不受侵犯。人格尊严是指与人身有密切联系的荣誉、名誉、姓名、肖像等不容侵犯的权利。宪法规定：禁止用任何方法对公民进行侮辱、诽谤和诬告陷害。

(3)公民的住宅不受侵犯。住宅是公民生活、学习的场所,其安全能否得到保障,直接关系到公民其他权利的实现。为保障公民住宅不受侵犯,宪法规定:禁止非法搜查或者非法侵入公民的住宅。

(4)公民的通信自由和通信秘密受法律保护。除因国家安全或者追查刑事犯罪的需要,由公安机关或者检察机关依照法律规定的程序对通信进行检查外,任何组织或者个人不得以任何理由侵犯公民的通信自由和通信秘密。因此,隐匿、毁弃、私拆别人的信件都是违法的。

(五)监督权和取得赔偿权

具体指:

(1)批评、建议权。公民对于任何国家机关和国家工作人员,有提出批评和建议的权利。

(2)申诉、控告或者检举的权利。对于任何国家机关和国家工作人员的违法失职行为,有向有关国家机关提出申诉、控告或者检举的权利,但是不得捏造或者歪曲事实进行诬告陷害。对于公民的申诉、控告或者检举,有关国家机关必须查清事实,负责处理。任何人不得压制和打击报复。

(3)取得赔偿权。由于国家机关和国家工作人员侵犯公民权利而受到损失的人,有依照法律规定取得赔偿的权利。

(六)社会经济权利

社会经济权利是指公民享有的经济生活和物质利益方面的权利。它是公民实现其他权利的物质基础。具体包括:

(1)财产权。财产权是指公民个人通过劳动或其他合法方式取得财产后享有的占有、使用、收益、处分财产的权利,包括合法收入、储蓄、房屋以及其他合法财产的所有权。继承权是财产权的延伸。《中华人民共和国宪法》第十三条规定:"国家依照法律规定保护公民的私有财产权和继承权。"

(2)劳动权。劳动权是指有劳动能力的公民有获得工作并取得相应报酬的权利。劳动是一切有劳动能力的公民的光荣职责。国有企业和城乡集体经济组织的劳动者都应当以国家主人翁的态度对待自己的劳动。国家采取各种措施和途径,创造劳动就业的条件,加强劳动保护,改善劳动条件,组织劳动就业训练,并在发展生产的基础上,提高劳动报酬和福利待遇。国家提倡社会主义劳动竞赛,提倡公民从事义务劳动,奖励劳动模范和先进工作者。

(3)休息权。休息权是指劳动者为保护身体健康和提高劳动效率而休息、休养的权利。国家发展劳动者休息和休养的设施,规定职工的工作时间和休假制度。

(4)退休人员的生活保障权。国家依照法律规定实行企业事业组织的职工和国家机关工作人员的退休制度。退休人员的生活受到国家和社会的保障。

(5)物质帮助权。公民在年老、疾病或者丧失劳动能力的情况下,有从国家和社会获得物质帮助的权利。国家发展为公民享受这些权利所需要的社会保险、社会救济和医疗卫生事业。

（七）文化教育权利与自由

文化教育权利与自由包括两方面内容：

(1)公民有受教育的权利和义务。国家培养青年、少年、儿童在品德、智力、体质等方面全面发展。

(2)公民有进行科学研究、文学艺术创作和其他文化活动的自由。国家对于从事教育、科学、技术、文学、艺术和其他文化事业的公民的有益于人民的创造性工作，给予鼓励和帮助。

（八）特定主体的权利保护

特定主体的权利，是指法律规定应受到特别保护的群体所享有的权利。主要指：(1)妇女权利的保障。妇女在政治、经济、文化、社会和家庭生活等各方面享有同男子平等的权利。国家保护妇女的权利和利益，实行男女同工同酬，培养和选拔妇女干部。(2)婚姻、家庭、母亲和儿童受国家的保护。禁止破坏婚姻自由，禁止虐待老人、妇女和儿童。(3)保护华侨的正当权利和利益，保护归侨和侨眷的合法权利和利益。

二、游客作为旅游消费者拥有的权利

旅游消费者的权利是指法律法规确定的，旅游者为旅游消费而购买、使用旅游产品或接受服务时依法具有的作为或不作为一定行为以及要求旅游经营者或者其他有关主体作为或不作为一定行为的资格。《中华人民共和国消费者权益保护法》对消费者的权利进行了规定，共有 9 条。以这 9 条为依据，我们可以相应确定旅游消费者的基本权利。

（一）安全保障权

安全保障权是指旅游消费者在购买、使用旅游商品或者接受旅游服务时，依法享有的人身、财产安全不受侵害的权利。安全保障权是旅游消费者享有的最基本的权利。旅游消费者有权要求旅游经营者提供的商品和服务符合保障人身、财产安全的要求。对有可能危及旅游者人身、财产安全的项目，旅游经营者应当事先向旅游者做出真实的说明和明确的警示，并采取防止危害发生的措施。对旅游地可能引起旅游者误解或产生冲突的法律规定、风俗习惯、宗教信仰等，旅游经营者应当事先给旅游者以明确的说明和忠告。对提供的商品或者服务有严重缺陷的，旅游经营者应当及时告知旅游消费者，并采取切实可行的防范措施。

[案例]

2006 年 7 月，一旅游团在浙江沿海一旅游胜地观光，导游人员带着大家来到海边欣赏海滩风光。导游人员讲解完后，游客开始自由活动，导游人员指着一块“严禁入内拍照”的警示牌对大家说：“请遵守景区规定，不要越过警示牌站在礁石上拍照。”但还是有三个年轻人趁着导游人员不注意越过了警示牌，站在礁石上让人拍照。这时，一股海浪猛地打了过来，三个年轻人被海浪卷入海中，其中两人又被海浪冲上岸来，另一人再也没有上岸。

请问，该旅行社是否应承担责任？

（提示：景区已对危险区域做出明确的警示，旅行社导游人员也事先做出了警告。游客不听劝告，擅自进行危险活动造成死亡的后果，是旅游者自己的过失造成的，不能就此说明旅行社提供的旅游服务不能保障旅游者的人身、财产安全，旅行社对事故可以不承担责任，但应积极协助死者家属向保险公司索赔。）

（二）知悉真情权（又称知情权）

知悉真情权是指旅游消费者享有的知悉其购买、使用的旅游商品或者接受的旅游服务的真实情况的权利。根据《中华人民共和国消费者权益保护法》的规定，消费者有权根据商品或者服务的不同情况，要求经营者提供商品的价格、产地、生产者、用途、性能、规格、等级、主要成分、生产日期、有效期限、检验合格证明、使用方法说明书、售后服务，或者服务的内容、规格、费用等有关情况。对具体的旅游消费而言，旅游者有权了解旅游产品的价格和旅游行程的具体安排，包括乘坐的交通工具的种类和级别、游览的景点、住宿标准、餐饮标准、娱乐标准、购物次数等。

（三）自主选择权

自主选择权是指旅游消费者享有的自主选择旅游商品或者接受旅游服务的权利。根据法律规定，旅游消费者的自主选择权包括：

（1）旅游消费者有权根据自己的经验、喜好、判断，自主选择提供旅游商品或旅游服务的经营者。

（2）旅游消费者有权自主选择旅游商品品种或者服务方式。

（3）旅游消费者有权自主决定购买或者不购买任何一种旅游商品，接受或者不接受任何一项旅游服务。

（4）旅游消费者在自主选择旅游商品或者旅游服务时，有权进行比较、鉴别和挑选。

［课堂讨论］

很多饭店都有禁止顾客自带酒水的规定，你觉得这一规定公平吗？

［案例］

2006 年 2 月，几名游客在某饭店用餐，席间一位游客从旅行包中拿出一瓶在旅游点购买的好酒与大家一起分享，没有在饭店点要酒水。结账时，游客惊讶地发现账单上多出了 50 元的“开瓶费”。饭店经理解释说，本饭店谢绝客人自带酒水，如果客人硬要自带酒水，则要收取 50 元“开瓶费”。游客们认为，消费者有权选择消费项目，带不带酒水是自己的自由，而且饭店没有将不能自带酒水的规定在显著的位置标志出来，也没有向他们申明顾客不能自带酒水，因此这 50 元收得不合理。

请问,你认为这50元该不该收?

(提示:消费者有自主选择权,本案例中,游客有权不接受饭店提供的酒水服务,饭店在没有事先申明的情况下强收"开瓶费"是在干涉消费者的自主选择权。目前,对酒店业中普遍存在的禁止顾客自带酒水的规定合理与否的争论很大,司法实践和社会舆论普遍认为饭店这一规定对消费者不公平。但是,中国旅游饭店业协会常务理事会通过的《中国旅游饭店行业规范》第二十九条明确规定:"饭店可以谢绝客人自带酒水和食品进入餐厅、酒吧、舞厅等场所享用,但应当将谢绝的告示设置于有关场所的显著位置。"根据这一规定,酒店若禁止顾客自带酒水,必须事先让顾客知道。这也是尊重顾客选择权的体现,因为不愿受这一规定限制的顾客还可以选择别的酒店。)

(四)公平交易权

公平交易权是指旅游消费者在购买旅游商品或者接受旅游服务时所享有的获得质量保障、价格合理、计量正确等公平交易条件,拒绝经营者的强制交易行为的权利。公平交易权能否实现是衡量旅游消费者合法权益是否得到保障的重要标志。

[课堂讨论]

某景区制定了两种门票价格,本地人的门票价格是50元,而外地游客的门票价格是100元。你觉得这一做法合理吗?

(五)依法求偿权

依法求偿权是指旅游消费者购买、使用旅游商品或者接受旅游服务而受到人身、财产损害时,依法享有的获得赔偿的权利。依法求偿权是一种必不可少的救济性权利。旅游消费者的消费行为具有双重性特点,一方面是为了满足物质的需要,另一方面是为了满足精神的需要,而精神上的满足更为重要。因此,在损害行为发生时,旅游者有权要求精神损害赔偿。

(六)依法结社权

依法结社权是指旅游消费者享有的依法成立维护自身合法权益的社会团体的权利。依法结社权是公民的政治权利的基本内容之一。法律赋予消费者依法结社权,有助于消费者从分散、弱小走向聚合、强大,通过集体的力量改变自己的弱者地位,维护自己的合法权益。从某种程度上说,消费者组织的发达程度是衡量现代社会消费者保护水平的重要标志。

(七)获取知识权

获取知识权是指旅游消费者享有获得有关旅游消费和旅游消费者权益保护方面的知识的权利。这一权利是从知情权派生而来的权利。旅游者获取知识权的实现一方面有赖于经营者提供信息,另一方面也有赖于政府和消费者组织等提供的消费知识。此外,旅游者提高自我保护意识,努力掌握所需商品或服务的知识和使用技能也非常重要。

(八)获得尊重权

获得尊重权是指旅游消费者在购买、使用旅游商品和接受旅游服务时,享有其人格尊严、民族风俗习惯得到尊重的权利。在旅游过程中,旅游者通常是从常住地到达另一个地方,甚至要跨越国界,各地的风俗习惯、文化传统可能存在较大差异,法律保障旅游者获得尊重权不仅是社会文明进步的表现,同时也是使旅游者达到旅游效果、真正获得身体和心理上放松的重要条件。

(九)监督批评权

监督批评权是指旅游消费者享有的对旅游商品和服务以及保护消费者合法权益工作进行监督的权利。旅游消费者有权检举、控告侵害消费者权益的行为和国家机关及其工作人员在保护消费者权益工作中的违法失职行为,有权对保护消费者权益工作提出批评、建议。

三、旅游者的义务

旅游者在旅游活动中的主要义务有:

(1)自觉遵守国家法律、法规,不从事危害国家安全、损害社会公共利益、破坏社会公共秩序的行为。

(2)如实填写相关个人资料,并对所填的内容承担责任。

(3)尊重旅游地居民的风俗习惯。

(4)支付旅游费用。

(5)按照合同约定完成旅游行程,配合导游人员的统一管理。

(6)妥善保管自己的行李物品,尤其是贵重物品。

(7)旅游者因违约给旅行社造成经济损失时,应承担违约责任。

第二节　旅行社的权利和义务

旅行社的权利和义务指的是法律、法规所规范的旅行社在其经营活动中的权利和责任。现在并没有专门的法规对旅行社的权利义务作出统一的规定,但是,我们可以从《旅行社管理条例》、《中华人民共和国民法通则》、《中华人民共和国合同法》、《中华人民共和国消费者权益保护法》等法律法规中归纳出旅行社一些基本的权利和义务。

一、旅行社的权利

(一)自主经营权

作为企业法人,旅行社具有自主经营权,包括生产经营决策权、产品定价权、产品销售权、服务采购权、资产处置权、劳动用工权、内部机构设置权、拒绝摊派权等。旅行社的自主经营权受法律保护，这些权利的行使不应受到无理干涉，更不能被剥夺。对旅游行政管理部门做出的错误行政决定和处罚，旅行社有权向上一级主管部门提出申诉，并有权向法院提出行政诉讼。

（二）签订合同权

旅行社有权在自愿、平等、公平、诚实信用的原则下与旅游者个人或团体、与旅游服务供应单位签订合同。

（三）广告宣传权

旅行社有权按规定进行广告宣传，以扩大影响，增加业务。

（四）收费权

作为自负盈亏的企业，收取服务费用是旅行社生存的前提。旅行社在向旅游者提供旅游服务时，有权按照国家的规定向旅游者收取服务费。

（五）索赔权

旅行社有权要求旅游者按照合同约定的时间、路线、方式进行旅游。因旅游者擅自变更旅游合同而引起的额外支出或造成旅行社的经济损失，旅行社可以要求旅游者来承担。旅游者因个人原因造成旅行社损失，旅行社可以提出索赔。

二、旅行社的义务

（一）遵守国家法规和政策，自觉接受旅游行政管理部门的管理

旅行社应当严格执行国家有关旅游工作的法规、政策，在经营活动中遵循自愿、平等、公平、诚实信用的原则，遵守商业道德。自觉接受旅游行政管理部门对其业务经营、对外报价、资产状况、服务质量、旅游安全、财务管理、资格认证等方面的监督检查，自觉提交年检报告书、资产状况表、财务报表以及其他有关文件、材料，不得提供虚假数据或伪造统计报表。

（二）遵守旅游业务经营规则

旅行社应当遵守旅游业务经营规则：

(1)按照核定的经营范围开展经营活动，严禁超范围经营。

(2)不得采用下列手段从事旅游业务：假冒其他旅行社的注册商标、品牌和质量认证标志；擅自使用其他旅行社的名称；以承包、挂靠或变相承包、挂靠方式非法转让经营权或部分经营权；与其他旅行社串通起来制定垄断价格，损害旅游者和其他旅行社的利益；以低于正常成本价的价格参与竞销；委托非旅行社单位或任何个人代理或变相代理旅游业务；制造和散布有损其他旅行社的企业形象和商业信誉的虚假信息等。

(3)不向旅游者介绍和提供下列旅游项目：含有损害国家利益和民族尊严内

容的;含有民族、种族、宗教、性别歧视内容的;含有淫秽、迷信、赌博内容的;含有其他被法律、法规禁止的内容的。

(三)提供真实可靠的信息

旅行社向旅游者提供的旅游服务信息必须真实可靠,不得作虚假宣传。旅行社所做广告应当符合国家有关法律、法规的规定,不得用模糊、不确定用语故意误导、欺骗旅游者和公众。

[案例]

有一天,何女士来到某旅行社的门市部,向工作人员咨询出境游的线路。一工作人员热情地向她推荐了一条东南亚旅游线路,何女士觉得价格还比较优惠,当即付了团费。这时工作人员告诉她,参加这一旅游线路的游客在境外必须参加自费项目,费用不低于1000元。何女士认为旅行社没有完全告知事实真相,使她做出了错误的判断,要求退还团费。旅行社应该怎么办?

(提示:旅行社工作人员没有完全告知游客真相,使游客做出了错误判断,应该退还团费。)

(四)签订业务合同

旅行社组织旅游者旅游,应当与旅游者签订合同,约定旅游行程安排(包括交通工具、旅游景点、住宿标准、餐饮标准、娱乐标准、购物次数等)、旅游价格和违约责任等。旅行社因不能成团,将已签约的旅游者转给其他旅行社出团时,须征得旅游者书面同意。未经旅游者书面同意,擅自将旅游者转给其他旅行社的,转让的旅行社应承担相应的法律责任。

旅行社委托其他旅行社代理招徕或接待旅游者,与饭店、餐饮、交通、景点等企业以及与境外旅行社发生业务往来,应当签订合同,约定双方的权利和义务。

(五)按约定提供服务和收取费用

旅行社应当按合同的约定向旅游者提供旅游服务,认真组织、精心安排,保证旅游者的旅游活动顺利进行。旅行社提供的服务不得低于国家标准或行业标准,并做到质价相等。除不可抗力外,旅行社不能改动内容或降低服务标准。旅行中增加服务项目需要加收费用的,应当事先征得旅游者的同意。

(六)提供的服务符合人身、财产安全需要

旅行社从事旅游业务经营活动,必须投保旅行社责任保险。旅行社组织旅游,应保证所提供的服务符合保障旅游者人身、财物安全的要求。对可能危及旅游者人身、财物安全的事宜,应当向旅游者做出真实的说明和明确的警示,并采取防止危害发生的措施。对旅游地可能引起旅游者误解或产生冲突的法律规定、风俗习惯、宗教信仰等,应当事先给旅游者以明确的说明和忠告。

[课堂讨论]

近年来,探险旅游在我国逐步兴起,在一些地区发展较快。有的旅行社也看中了这一市场的巨大潜力，组织游客进行一些探险旅游项目，如沙漠探险、洞穴探险、丛林穿越、登山越野、乘坐热气球等。但是，探险旅游具有组织程度低、安全管理涉及面广、事故风险高的特点，如果与之配套的管理和服务跟不上，很容易发生事故。2006 年“五一”黄金周期间，我国一些地方先后发生 4 起探险旅游者被困事件，虽经全力营救，但仍有 3 人死亡。

从减少安全隐患和避免纠纷方面考虑，你觉得旅行社是否应放弃探险旅游项目？为什么？

（七）提供服务单据

旅行社提供有偿服务，应当按照国家有关规定向旅游者出具服务单据。

（八）聘用合格导游和领队

旅行社为接待旅游者聘用的导游人员和组织旅游者出境旅游聘用的领队，应当持有省、自治区、直辖市以上人民政府旅游行政管理部门颁发的资格证书。

[小资料]

出境游领队，又称为“随团服务员”、“随员”。国务院颁布的《中国公民出国旅游管理办法》第十条规定：“组团社应当为旅游团队安排专职领队。领队应当经省、自治区、直辖市旅游行政部门考核合格，取得领队证。”而根据国家旅游局颁布的《出境旅游领队人员管理办法》，出境旅游领队人员，是指依照规定取得出境旅游领队证，接受具有出境旅游业务经营权的国际旅行社的委派，从事出境旅游领队业务的人员。其主要工作是为出境旅游团提供旅途全程陪同和有关服务；作为组团社的代表，协同境外接待旅行社完成旅游计划安排；协调处理旅游过程中的相关事务等。

（九）保存业务档案

旅行社招徕、接待旅游者，应当制作和保存完整的业务档案。其中，出境旅游档案保存期最少为 3 年，其他旅游档案保存期最少为 2 年。

[小思考]

旅行社的业务档案为什么必须保存 2—3 年？

第三节　导游人员的权利和义务

导游人员的权利，是指导游人员依法享有的权能和利益。它表现为导游人员可以自己做出一定行为，也可以要求他人做出或不做出一定的行为。导游人员的义务是指导游人员依法承担的必须履行的责任。它表现为导游人员必须做出或不做出一定的行为。由于导游人员直接面对游客，对旅游纠纷的产生和消除都有很大的影响力，因此，导游人员更应了解自身的权利和义务，使自己的行为符合规范，以最大限度地减少纠纷。

一、导游人员的权利

作为公民，导游人员同样拥有宪法赋予的我国公民的基本权利。同时，根据《导游人员管理条例》，导游人员还拥有如下权利：

（一）人格尊严和人身安全不受侵犯

导游人员进行导游活动时，其人格尊严应当受到尊重，其人身安全不受侵犯。导游人员有权拒绝旅游者提出的侮辱其人格尊严或者违反其职业道德的不合理要求。

[小资料]

人格权是人身权的一种。人身权是民事主体依法享有的与其人身不可分离而无直接财产内容的民事权利。分为人格权和身份权，其中人格权包括生命健康权、身体权、姓名权、自由权、名誉权、肖像权、荣誉权、名称权、生活秘密权等。

（二）紧急情况下调整或者变更接待计划权

旅游接待计划是旅游合同的具体体现，一经双方确认订立后，就应当严格按照合约履行。但是，在紧急情况下，导游人员有权调整或者变更接待计划。《导游人员管理条例》第十三条规定："导游人员在引导旅游者旅行、游览过程中，遇有可能危及旅游者人身安全的紧急情形时，经征得多数旅游者的同意，可以调整或者变更接待计划，但是应当立即报告旅行社。"也就是说，导游员在行使这一权利时有严格的限制条件：

（1）必须是在引导旅游者旅行、游览过程中。

（2）必须是在遇到有可能危及旅游者人身安全的紧急情况时，导游人员才可以行使这一权利。

（3）导游人员只有在征得多数游客的同意之后，方可行使该项权利。

（4）必须立即报告旅行社。

[补充阅读]

《导游人员管理条例》第十三条的规定实际上限定了导游人员可以调整或者变更接待计划的两个前提：(1)遇有可能危及旅游者人身安全的紧急情形；(2)经征得多数旅游者的同意。若多数旅游者不同意，那么导游人员是否可以明知前面有危险而继续保持原行程呢？显然不行。因此这一规定在实践当中可能使导游人员左右为难，容易带来纠纷。相对而言，《中国公民出境旅游合同(示范文本)》第十条第2款的规定就较为灵活："因不可抗力或者意外事件导致无法履行或者继续履行合同的，组团社可以在征得多数旅游团队成员同意后对相应内容予以变更。因紧急情况无法征求意见时，组团社可决定内容的变更，但应当就作出的决定提供必要的说明和证据。"

（三）导游人员对旅游行政机关的具体行政行为不服时，依法享有申请复议或提起诉讼的权利

导游人员对旅游行政部门的具体行政行为不服时，可以向该部门的本级人民政府或上一级旅游行政管理部门申请行政复议。对行政复议决定不服时，还可以依照行政诉讼法的规定向人民法院提起行政诉讼，或者直接向人民法院提起行政诉讼。

根据《中华人民共和国行政诉讼法》、《中华人民共和国行政复议法》的规定，结合旅游行政管理实际，导游人员对旅游行政部门下列具体行政行为不服时，可以申请复议或提起诉讼：

(1)对罚款、吊销导游证、责令改正、暂扣导游证等行政处罚不服的。

(2)认为符合法定条件申请行政机关颁发导游人员资格证书和导游证，旅游行政部门拒绝颁发或者不予答复的。

(3)认为旅游行政部门违法要求导游人员履行义务的。

(4)认为旅游行政部门侵犯导游人员人身权、财产权的。

(5)法律、法规规定可以申请复议或提起诉讼的其他具体行政行为。

(四)其他权利

其他权利主要指的是导游人员为更好地履行职责而享有的参加培训和获得晋级的权利等。参加培训既是导游人员的义务，也是导游人员的权利。导游接待工作是一项高智能的复杂工作，要做好这一工作，导游人员必须不断充实、更新自己的知识，不断提高自己的服务技能，而参加培训就是实现这一目标的良好途径。《导游人员管理实施办法》规定，导游人员每年的累计培训时间不得少于56小时，每个导游人员都有权参加此类业务培训，旅游行政管理部门和旅行社也应为导游人员参加培训创造条件。

根据规定，我国的导游人员分成两个系列(外语导游员系列、中文导游系列)、四个等级(初级导游员、中级导游员、高级导游员、特级导游员)，国家旅游局还制定了导游等级评定标准和办法。符合相应等级评定标准的导游人员有权申请评定为相应的导游等级。

二、导游人员的义务

作为旅游专业人员，在旅游活动中，导游人员要比游客承担更多的义务。导游人员必须清楚这些义务，并认真履行义务，否则很可能会导致纠纷或投诉。

具体来说，导游人员的义务主要包括：

(一)导游人员应当不断提高自身的业务素质和职业技能

导游接待服务不是一般的简单操作，而是导游人员借助自己的知识和技能为旅游者提供旅游便利的一种高智能的复杂工作，具有丰富的知识和高超的技能是对一个优秀导游人员的基本要求。同时，导游人员的知识和技能直接影响导游的服务质量，影响导游的形象，甚至影响旅游业的形象、国家的形象。因为，很多旅游者往往是通过导游人员去认识一家旅行社、一个城市乃至一个民族、一个国家的。因此，导游人员应当不断提高自身的业务素质和职业技能。

[小资料]

为保证导游人员的良好素质，国家实行全国统一的导游人员资格考试制度。从事导游工作的人员，必须通过导游资格考试，取得导游人员资格证书，经与旅行社订立劳动合同或者在导游服务公司登记，并向省、自治区、直辖市人民政府旅游行政部门申请领取导游证后，方可从事导游活动。

为促使导游人员不断提高业务素质和技能，国家对导游人员实行等级考核制度。导游人员等级分为初级、中级、高级、特级四个等级。导游员申报等级时，由低到高，逐级递升，经考核评定合格者，颁发相应的导游员等级证书。旅游行政管理部门对导游人员实行计分管理制度和年度审核制度。计分办法实行年度10分制，一次扣分达到10分则不予通过年审；累计扣分达到10分则暂缓通过年审；一次被扣8分的，全行业通报；一次被扣6分的，警告批评。暂缓通过年审的，通过培训和整改后，方可重新上岗。国家旅游局还规定，导游人员必须参加所在地旅游行政管理部门举办的年审培训，培训时间根据导游业务需要灵活安排，每年累计培训时间不得少于56小时。

（二）导游人员进行导游活动时，应当佩戴导游证

导游人员在工作中佩戴导游证，一是方便旅游者识别导游人员，及时得到导游的帮助和服务；二是导游证可以时刻提醒导游人员以导游的标准要求自己，提供规范的服务；三是便于旅游行政管理部门的监督和检查。导游人员进行导游活动时未佩戴导游证的，可能面临最高500元的罚款。

导游证的有效期限为3年。导游证持有人需要在有效期满后继续从事导游活动的，应当在有效期限届满3个月前，向省、自治区、直辖市人民政府旅游行政部门申请换发导游证。

（三）导游人员进行导游活动，必须经旅行社委派

导游人员进行导游活动，必须经旅行社委派。导游人员不得私自承揽或者以其他任何方式直接承揽导游业务，进行导游活动。这一规定有利于规范旅游服务市场秩序，保证服务质量，防止乱收费，切实维护旅游者的合法权益。

导游人员未经旅行社委派，私自承揽或者以其他任何方式直接承揽导游业务、进行导游活动的，可能面临1000元以上3万元以下的罚款，违法所得将被没收，情节严重的还可能被吊销导游证。

（四）导游人员进行导游活动时，应当自觉维护国家利益和民族尊严，不得有损害国家利益和民族尊严的言行

热爱祖国，拥护社会主义制度，以自己的一言一行来维护国家利益和民族尊严，是导游人员必须具备的政治素质和业务素质。尤其是在涉外旅游接待活动中，导游人员作为“民间大使”，是国家对外形象的一个“窗口”，如果有损害国家利益和民族尊严的言行，将产生极其恶劣的影响。因此，导游人员在进行导游活动时，应注重自身形象，自觉维护国家利益和民族尊严。《导游人员管理条例》第二十条规定："导游人员进行导游活动时，有损害国家利益和民族尊严的言行的，由旅游行政部门责令改正；情节严重的，由省、自治区、直辖市人民政府旅游行政部门吊销导游证并予以公告；对该导游人员所在的旅行社给予警告直至责令停业整顿。"

（五）导游人员进行导游活动时，应当遵守职业道德，着装整洁，礼貌待人，尊重旅游者的宗教信仰、民族风俗和生活习惯

导游人员接触面广、工作复杂，要在游客面前树立良好的形象，必须遵守职业道德，如爱岗敬业、热情友好、宾客至上、耐心细致、文明礼貌、诚实守信、遵纪守法、顾全大局等。作为旅游服务人员，导游人员应尊重旅游者的宗教信仰、民族风俗和生活习惯。进行导游活动时，应当向旅游者讲解旅游地点的人文和自然情况，介绍当地的风土人情和习俗；但是，不得迎合个别旅游者的低级趣味，在讲解、介绍中掺杂庸俗下流的内容。

（六）导游人员应当严格按照旅行社确定的接待计划，安排旅游者的旅行、游览活动，不得擅自增加、减少旅游项目或者中止导游活动

旅游合同或旅游接待计划一经签订，即被旅行社和旅游者双方认可，应该得到全面履行。导游人员是旅游合同或旅游接待计划的实际执行者，在带团过程中，应当严格按照旅行社确定、旅游者认可的旅游接待计划安排旅游者的旅行、游览活动，不得擅自增加、减少旅游项目或中止导游活动。导游人员擅自增加或者减少旅游项目、擅自变更接待计划、擅自中止导游活动的，将被暂扣导游证3至6个月；情节严重的，将被吊销导游证。

[小思考]

在紧急情况下，导游人员可以擅自中止导游活动吗？

（提示：任何情况下，导游人员均不得擅自中止导游活动。在紧急情况下，导游人员更应承担起自己的责任。）

（七）导游人员应尽力保障旅游者人身和财产安全

导游人员在引导旅游者旅行、游览过程中，应当就可能发生危及旅游者人身和财产安全的情况，向旅游者作出真实说明和明确警示，并按照旅行社的要求采取相应的防范措施。说明和警示应通俗易懂，不至于发生歧义。

（八）导游人员进行导游活动，不得向旅游者兜售物品或者购买旅游者的物品，不得以任何方式向旅游者索要小费

导游人员的工作职责是为旅游者提供向导、讲解及相关旅游服务。向旅游者兜售物品或者购买旅游者的物品不是导游的工作职责。而且，由于导游人员身份的特殊性，这种行为很容易造成交易的不公平，侵害游客的合法利益，损害导游人员的形象，并极易引发旅游纠纷。

导游人员不得以任何方式向旅游者索要小费。"小费"是指旅游者额外给予导游人员或旅游服务人员的货币。一般来说,小费是旅游者出于对导游人员优质服务的感谢而自愿支付的,是对导游工作的肯定和奖励。但在具体的旅游活动中,有些导游人员不是以自己的优质服务赢得赞誉,而是不择手段,以明示或暗示的方式索要小费,给旅行社乃至旅游业的声誉带来了恶劣影响。

根据规定,导游人员进行导游活动时,向旅游者兜售物品或者购买旅游者的物品,或者以明示或者暗示的方式向旅游者索要小费,可能面临1000元以上3万元以下的罚款;违法所得将被没收;情节严重的还可能被吊销导游证,该导游人员所在的旅行社也可能面临警告甚至停业整顿的处罚。

(九)导游人员进行导游活动,不得欺骗、胁迫旅游者消费或者与经营者串通欺骗、胁迫旅游者消费

在旅游活动中,有的导游人员故意告知旅游者虚假的情况或隐瞒真实的情况,诱使旅游者消费;有的导游人员以给旅游者及其亲友的生命健康、名誉、荣誉、财产等造成损害为要挟,迫使游客消费;还有的导游人员与经营者串通,欺骗、胁迫旅游者消费。这些行为,经常成为旅游纠纷的导火索,既影响旅游业的声誉,也影响导游人员的形象。

根据规定,导游人员进行导游活动时,如果欺骗、胁迫旅游者消费或者与经营者串通欺骗、胁迫旅游者消费,可能面临1000元以上3万元以下罚款;违法所得将被没收;情节严重的还可能被吊销导游证,该导游人员所在的旅行社也可能面临警告甚至停业整顿的处罚。构成犯罪的,依法追究刑事责任。

[课堂讨论]

你对导游人员收取“小费”问题怎么看?

关键词汇

公民权利　旅游消费者的权利　旅行社的权利和义务　导游人员的权利　导游人员的义务

经典案例

2006年3月,某旅行社组织一批游客赴长白山旅游,委派刘某作该团导游员。到达景区后,刘某安排好游客住宿,准备第二天上山游览天池等景点。一些游客问上天池是否需要多带衣物,刘某说,根据他多次在这个季节上山的经验,不必多带衣物,以免增加负担。第二天,旅游团在刘某和地陪的带领下上了天池。将近中午,天气突变,空中飘起漫天大雪,气温也随之骤降。游客大多没有带御寒之物,被这突然的天气变化弄了个措手不及。刘某急忙带着游客下山。但是,仍有部分游客的耳、鼻、手、脚等被冻伤。游客要求旅行社赔偿。而刘某认为,此次冻伤事故是天气的突然变化造成的，属于不可抗力，况且自己已采取了应急措施，迅速带游客下山，因此，旅行社不应承担责任。

请问：在这次事件中，导游人员是否尽到了应尽的义务？

分析：根据《导游人员管理条例》第十四条的规定："导游人员在引导旅游者旅行、游览过程中，应当就可能发生危及旅游者人身、财物安全的情况，向旅游者做出真实说明和明确警示，并按照旅行社的要求采取防止危害发生的措施。"刘某作为多次带团游览此线路的导游人员，应当预见到长白山天气多变，主动提醒游客多带衣物，但他没有这样做，没有履行好导游人员的义务。

思考与训练

1. 宪法赋予我国公民的基本权利有哪些？

2. 旅游消费者拥有哪些权利？

3. 旅行社的权利和义务有哪些？

4. 导游人员有哪些权利和义务？

5. 实践训练：由于天气原因，必须调整游览计划，否则有可能遇到危险。但多数游客反对改变计划。假如你是导游人员，你会怎么办？

6. 实践训练：一位导游人员在某购物点看中了一件衣服，但却没带够钱，于是开口向一游客借了50元钱。你觉得这一行为可能会带来什么影响？导游人员可以向游客借钱吗？

7. 实践训练：导游人员的下列行为，是否侵犯了游客的基本权利？侵犯了哪些基本权利？

(1)旅游车内有游客失窃，导游人员建议大家主动打开各自的旅行包，以证明自己的清白。

(2)一位游客在整个行程中既不购物，也不参加任何自费项目，导游人员称其为"旅游团里最穷的人"，说他"不配出来旅游"。

(3)导游人员把游客带入一寺院内，有游客提出在门口等候，遭到导游员拒绝。

(4)导游人员与游客发生纠纷，动手将游客打伤。

(5)旅游团全体成员拒绝观看人妖表演，导游人员于是将游客关在车内，只身离开，时间长达8小时。

第四章　完善旅游合同避免纠纷

本章导读

在社会经济生活中，合同行为大量存在，从国家的大型建设项目到百姓的日常生活，都离不开合同。旅游业也是如此。旅游合同对规范旅游交易、减少纠纷、提高旅游服务质量都有着重大意义。旅游交易的法制化、合同化越来越成为一种趋势。旅行社与其他经济组织发生业务往来，旅行社组织旅游者旅游，都应当签订合同。但是，实践当中许多旅行社的确签订了合同，却依然纠纷不断，其主要原因是合同的内容和形式不够完善，使人有机可乘。本章较全面地介绍了旅游合同签订的规则和常见问题的处理，主要内容包括：旅游合同的概念及基本原则，合同的形式、主要条款及订立程序，旅游合同的效力，旅游合同的履行原则，旅游合同的变更、转让和终止，旅游合同履行过程中一些常见问题的处理及违约责任，旅游合同示范文本等。

第一节　旅游合同概述

我国没有专门的法律法规对旅游合同作出规定，我国《合同法》中也没有专门的旅游合同条款。但作为合同的一种，旅游合同同样要遵守我国《民法通则》和《合同法》的相关规定。出现合同纠纷时，也主要应依据这两部法律来解决。

一、旅游合同的概念和特点

（一）合同的概念和分类

合同是平等主体的自然人、法人、其他组织之间设立、变更、终止民事权利义务关系的协议。简单来说，合同是一种协议，但不是所有的协议都是合同。合同具有下面一些特征：(1)合同是一种能引起民事权利和民事义务产生、变更或终止的合法行为；(2)合同的目的是设立、变更或终止民事权利义务关系；(3)合同是多方民事法律行为，有两个或两个以上的主体参加。

[补充阅读]

很多人可能认为合同离我们很远，其实不然，合同无处不在。我们买票上车，这表明我们与运输企业签了一个客运合同；我们在商店询问商品价格，然后付款取货，这表明我们与商店签了一个口头买卖合同；我们将布料交给裁缝，请他做一件衣服，这表明我们与他签了一个加工承揽合同。

有人统计，仅从可统计的采取书面形式订立的合同来看，全国每年订立的合同数量都在40亿份以上，平均每年每个中国人要签订3份以上的书面合同。至于那些经常发生、即时完成的口头合同，其数量更是十分惊人，数不胜数。实际上，我们几乎每个人都自觉不自觉地生活在由各种各样的合同构成的社会网络当中。

世界各国对合同有许多种分类方法。如根据合同双方权利义务的分担方式，可将合同分为双务合同和单务合同；根据双方当事人权利的取得是否付出相应代价，可将合同分为有偿合同和无偿合同；等等。生活中，我们常将合同划分为租赁合同、买卖合同、借贷合同、承揽合同、运输合同、保险合同、委托合同等诸多种类。

（二）旅游合同的概念和特点

旅游合同是旅游者与旅游经营者以及旅游经营者之间设立、变更、终止民事权利义务关系的协议。对旅行社而言，旅游合同指的是旅行社与旅游者之间或旅行社与其他旅游经营者之间签订的明确双方在旅游过程中权利义务关系的协议，其中最典型的就是旅行社与旅游者之间签订的协议。

旅游合同属于合同，具备一般合同的特点，但旅游合同还具备自身的特点，主要是：

（1）旅游合同当事人一方具有恒定性。任何人都可能成为旅游者而成为旅游合同的主体，与旅游相关的企业也可能成为旅游合同的一方，而合同的另一方只能是旅行社。

（2）旅游合同标的具有特殊性。旅游合同的标的就是旅游产品，即旅游经营者凭借旅游吸引物和旅游设施，向旅游者提供用以满足其旅游活动需求的全部服务。因此，旅游产品与以物质形态表现的具体劳动产品相比是一种极特殊的产品，这种产品的特殊性表现在：①旅游产品的无形性和不可储藏性；②旅游产品的不可移动性；③旅游产品的综合性；④旅游产品生产与消费的同时性；⑤旅游产品信息的非对称性（相对旅游者而言，旅行社掌握的旅游信息更多）。

[补充阅读]

我国有关旅游业的法律法规当中，规定有的旅游合同是必须签订的。如《旅行社管理条例实施细则》第三十九条规定：“旅行社委托其他旅行社代理招徕或接待旅游者，旅行社与饭店、餐饮、交通、景点等企业及与境外旅行社发生业务往来，应当签订合同，约定双方的权利和义务。”第五十三条规定：“旅行社组织旅游者旅游，应当与旅游者签订合同。”从这里可以看出，旅行社的几乎所有业务都要按规定签订合同。

二、旅游合同的基本原则

合同的基本原则是指贯穿于整个合同法律规范之中的合同立法的指导思想以及调整民事主体间合同关系所必须遵循的基本方针和准则。这些原则是制定、解释、执行和研究合同的依据和出发点。当法律法规对某一合同问题无具体规定时，这些原则往往能起到明辨是非的作用。

因为旅游合同是合同的一种，所以合同的基本原则实际上也是旅游合同的基本原则。

（一）平等原则

平等原则即合同当事人在合同法律关系中的地位是平等的，任何一方不能把自己的意志强加给另一方。其主要含义包括：订立合同时双方当事人法律地位平等，任何一方不能把有利于自己一方的条款强加于人；履行合同时双方法律地位平等，任何一方不得擅自变更或解除合同；承担合同责任时双方法律地位平等，任何一方因过错违反合同，都应当依法承担违约责任。

（二）合同自由原则

合同自由原则指合同当事人有权依照自己的意志自主决定订立或不订立某一合同，有权选择另一方当事人，有权决定合同内容、变更或解除合同，有权选择合同方式，有权选择解决合同纠纷的方式，任何单位和个人都不得非法干预。

[小思考]

下列事例当中，旅行社的做法有道理吗？

(1)有一家旅行社推出了“海南五日游”，但当几位老人要求参团时，却遭到了拒绝。这家旅行社振振有词：旅行社有权选择另一方合同当事人，这是合同自由原则的体现。

(2)有一游客想参加某旅行社组织的出境旅游，但他却无法提供身份证件。旅行社拒绝了他的申请。

(3)有一游客想参加某旅行社组织的探险旅游，但旅行社认为该游客年龄过大，且不能提供相应的探险旅游设备，拒绝了他的申请。

（提示：事例(1)旅行社没有道理。旅行社有权选择另一方合同当事人指的是旅行社可以开发一些适合特定游客的旅游产品，只要符合条件的游客都可参与。但旅行社不能拒绝符合条件的游客的合理要求，否则就是歧视。事例(2)、(3)有道理。）

（三）公平原则

公平原则即合同当事人在进行合同法律行为时，应本着公正的观念，按照价值规律的要求进行等价交换，公平地确定各方的权利和义务，实现各自的经济利益。在合同法领域中贯彻公平原则，有助于保障公平交易和公平竞争，也有利于合同纠纷得到公平合理的处理。

(四)诚实信用原则

诚实信用原则简称诚信原则,这一原则要求人们在从事民事活动时,讲究信用,恪守诺言,诚实不欺,用善意的心理和方式取得权利履行义务,在不损害他人利益和社会利益的前提下追求自身的利益。

(五)合法性原则

合法性原则即合同当事人在订立、履行、变更、解除合同及处理合同争议时,必须遵守国家法律和行政法规,必须有利于维护国家利益和社会公共利益,必须有利于稳定正常的经济秩序。

[小思考]

某旅行社与游客签订了一个协议,协议约定:旅途中出现的一切安全事故由游客自己负责。这样的约定有效吗?

(提示:这种约定无效。这种约定对游客不公平,而且不合法。旅行社应保证所提供的服务符合保障旅游者人身、财物安全的要求,约定一切安全事故由游客自己负责显然不对,这样的协议是无效的。)

(六)依合同履行义务的原则

合同依法成立以后,全面、正确地履行合同是当事人的义务。任何一方当事人无约定或法定事由,不得变更或解除合同。因为合同是双方当事人协商一致的产物,所以变更、解除合同原则上应当由双方当事人协商解决,除非合同有相反的约定或者法律有例外规定。合同法规定这一原则对于追究破坏合同履行的当事人或第三人的法律责任,向遭受损失的当事人提供救济,维护交易安全,稳定社会经济秩序,都有着十分重要的作用。

[小思考]

游客张某自驾车旅游,到达景点后,他将车停放在停车场,交了2元停车费。等他参观完景点回来时,却发现车被盗了。张某拿着停车费收据要求停车场赔偿,停车场同意补偿部分车款,但不同意赔偿全部购车款20万元,认为以2元停车费换20万元车款有失公平。停车场的说法有道理吗?

(提示:依法成立的合同,对当事人具有法律约束力。停车场理应保管好车辆,车辆被盗就应该赔偿。)

三、旅游合同对预防旅游纠纷的意义

(一)旅游合同为合同双方提供了协商的平台

旅游活动时间长、内容复杂,出行前有许多问题需要协商。尤其是对旅游者来说,他们的旅游经验往往不够丰富,一些问题想不到。而签订旅游合同的过程,实际上就是合同双方协商的过程,这一过程有利于合同双方明确各自的权利义务,在思想上达成一定的共识。这些共识有利于减少旅途中的纠纷。

（二）旅游合同将双方的权利义务固定下来，有利于规范双方的行为

旅游合同是双方当事人协商一致的结果，而且这一结果用合同书的形式固定了下来。它不仅明确了双方的权利和义务，而且使权利义务有据可查，避免了无谓的争执和纠缠。合同有效地约束双方的行为，从而有助于避免旅游纠纷。

（三）旅游合同所具有的法律效力动摇了纠纷产生的基础

依法成立的合同受法律保护，当事人必须履行，否则就是违约，而违约要承担违约责任。合同的这一效力使得合同双方都很清楚纠纷可能带来的后果，从而尽量避免纠纷，减少损失。

第二节　旅游合同的订立

一、订立合同的主体资格

旅游合同的订立者不外乎是旅游者和旅游企业，一般来说，旅游企业都有订立合同的能力，但不能超越自己的经营范围。如国内旅行社所签合同应仅限于国内旅游业务，不能涉及入境旅游和出境旅游业务。

旅游者的情况较为复杂，并非所有游客都有订立合同的能力。对这一点，旅行社工作人员尤其要注意。

《中华人民共和国民法通则》规定，18 岁以上的公民是成年人，只要精神状态正常，都具有完全民事行为能力，可以独立进行民事活动，是完全民事行为能力人。16 周岁以上不满 18 周岁且精神状态正常的公民，以自己的劳动收入为主要生活来源的，视为完全民事行为能力人。上述这类游客都具有订立合同的行为能力。

10 周岁以上的未成年人和不能完全辨认自己行为的精神病人是限制民事行为能力人，可以进行与他的年龄、智力、精神健康状况相适应的民事活动；其他民事活动由他的法定代理人代理，或者征得他的法定代理人的同意。这类游客能否签订旅游合同要具体问题具体分析。

不满 10 周岁的未成年人和不能辨认自己行为的精神病人是无民事行为能力人，由他的法定代理人代理民事活动。这类游客不能独自签订旅游合同。

[案例]

刘某今年 13 岁，暑假开始后，感觉在家里没意思。有一天他路过某旅行社，看到里面挂了许多各地风光照片，感觉很好奇，于是走了进去。一位旅行社工作人员热情地接待了他，向他介绍旅行社的旅游线路，其中一条线路既可以漂流，又可以爬山，还有各种刺激的游戏，刘某动心了，很快交了 1800 元钱，并在合同

上签了字。刘某父母知道后,认为合同无效,要求旅行社退款。你认为旅行社应该退款吗?

(提示:刘某是限制民事行为能力人,只能进行与他的年龄、智力相适应的民事活动,参加这样一条复杂的、涉及大量金钱的旅游线路,不应该由他独自决定。旅行社也不应该让刘某独自参加这项具有一定危险性的旅游活动。)

二、旅游合同的形式

合同的形式是指体现合同内容的方式。许多人都认为,白纸黑字,见诸纸上的合同才是合同,这其实是一种误解。一般来讲,合同有三种形式。

(一)书面形式

书面形式指合同书、信件和数据电文(电报、电传、传真、电子数据交换和电子邮件)等可以有形地表现所载内容的形式。书面形式的合同有其明显的优势:有据可查,发生纠纷后易于举证,便于分清责任。因此,重要的合同、关系复杂的合同、涉及金额大的合同、不能立即履行的合同最好采取书面形式。我国法律、行政法规还规定了一些必须采取书面形式的合同。但书面合同签订程序较为复杂,需要花费较多的时间和精力。

(二)口头形式

口头形式指当事人双方只用语言表示订立合同,而不用文字来表达合同内容。在我们的日常生活当中,口头形式的合同可以说无处不在。市场买菜、商店购物、朋友间的借贷、替人保管财物等很多都是口头形式的合同。以口头形式订立合同既方便又快捷,有利于减少交易成本,加速商品流转。其缺点是无文字依据,一旦发生纠纷,举证困难,不易分清责任。因此,口头形式只适用于那些关系简单、涉及金额小、能即时履行的合同,如一手交钱,一手交货的小额买卖。

(三)推定形式

推定形式也叫行为默示形式,指合同当事人以某种表明法律意图的行为间接地表示合同内容的形式。如司机驾车驶入停车场停车,停车场收取费用即可推定成立了一个合同。又如,客人在饭店租住客房的合同已到期,但客人继续交房租,饭店也继续收受房租,从这种行为中我们可以推定饭店方面已同意延长与客人的租赁合同。

旅游合同的形式与普通合同的形式一样,不外乎上述三种。对旅行社来说,主要的合同形式应该是书面形式,这样才能最大限度地避免纠纷。但对某些金额小、可即时结清的单项服务,可以采取口头或推定形式,这样可减少交易成本,方便旅游者。但这两种形式的合同因为取证困难,易造成纠纷,所以旅行社应慎重使用。

[小思考]

下列行为是否是合同行为?如果是,分别属于什么样的合同形式?

(1)某旅行社的旅游车停在一旅游集散地,导游在车门旁不厌其烦地介绍旅行社的一日游产品。有一人径自上了车,导游没反对。

(2)某旅行社向另一城市的一个旅行社发送传真,要求他们代为接待一个旅游团。该旅行社回复传真,表示同意。

(3)一同学某日中午通过电话,向快餐店预订了两份快餐,约好半小时后送到宿舍。

(4)一同学通过电子邮件向某书店订购两本复习参考书,书店回信表示同意,双方进一步约定了送书方式和付款方式。

(提示:1. 是推定形式的合同;2. 是书面形式的合同;3. 是口头形式的合同;4. 是书面形式的合同。)

三、旅游合同的主要条款

合同的条款是指合同当事人协商一致的合同内容,具体规定着当事人的权利义务。我国《合同法》规定,合同的主要条款包括:当事人的名称或者姓名和住所;标的;数量;质量;价款或者报酬;履行期限、地点和方式;违约责任;解决争议的方法。

(一)当事人的名称或者姓名和住所

名称是指旅游企业或其他旅游经营者的名称,姓名是指旅游者的姓名。旅游企业或其他旅游经营者的住所是其注册登记地,旅游者的住所是其户籍所在地或长期生活与活动的处所。

(二)标的

标的是合同当事人权利义务一致指向的对象,这是合同成立的基本条件。标的可以是财产,可以是劳务,也可以是一定的工作成果。旅游合同的标的一般是能满足旅游者需要的旅游服务行为。

(三)数量

是指合同标的的多少,是标的的具体化,直接决定当事人双方权利义务的程度。标的是通过数字和计量单位来表示的,因此,合同中必须使用国家统一规定的度量衡和法定单位。如旅游合同中应明确规定旅游天数、景点数量、餐食次数、购物次数等。

(四)质量

质量是标的的质的规定性,也是标的的具体化。不同的标的有不同的质量要求,合同中应明确规定标的的质量标准和具体要求。如旅游合同中应明确规定饭店星级、车船类型和等级等。

(五)价款或者报酬

价款一般指向提供财物一方当事人支付的货币,如顾客购买彩电向商场支付的货币。报酬一般是指向提供劳务或者完成特定工作成果的当事人支付的货币,如游客向导游员支付导游服务费。

（六）履行期限、地点和方式

履行期限是指履行合同义务的时间界限。违反了约定期限很有可能会构成违约。履行地点是指履行合同约定义务的地点，这一地点关系到费用负担和合同纠纷案件的法院管辖等问题，因此，对履行地点的约定应尽量明确具体。履行方式是指履行义务的方式，如一次交付还是分期分批交付，是交付实物还是交付所有权凭证等。

（七）违约责任

违约责任是指当事人一方或者双方由于自己的过错，造成合同不能履行或者不能完全履行时，按照法律的规定或合同的约定所承担的民事责任。

（八）解决争议的方法

解决争议的方法是指发生合同纠纷后，当事人通过什么途径来解决纠纷。

[补充阅读]

上述这些条款不是每个合同都具备的，也不一定是每一合同的所有条款，只不过是合同一般应具备的主要条款。比如，《旅行社管理条例实施细则》中对旅行社与旅游者所签订合同的内容规定为下列三项：(1)旅游行程安排（包括乘坐的交通工具、游览的景点、住宿标准、餐饮标准、娱乐标准、购物次数等）；(2)旅游价格；(3)违约责任。

四、合同订立的程序

任何一个合同的订立都要经过要约和承诺两个阶段。

（一）要约

要约是希望和他人订立合同的意思表示。发出要约的当事人为要约人，受领要约的当事人为受要约人。要约仅仅是一种意思表示，光有要约不能成立合同。生活中要约的例子随处可见，如超市里贴着价格标签的商品、自动售货机的设置、悬赏广告等都是要约。

要约应具备两个条件：(1)内容具体确定。即要约的内容必须使受要约人足以了解将要签订的合同的主要内容，以供受要约人考虑是否承诺。(2)要约应表明经受要约人承诺，要约人即受该要约约束。这实际上是说要约对要约人具有约束力，要约一旦生效，要约人就不得随意撤回或变更要约。

不具备上述这两个条件的意思表示不是要约，往往是要约邀请。要约邀请是希望他人向自己发出要约的意思表示。生活中这样的例子也很多，如寄送的价目表、拍卖公告、招标公告等都是要约邀请。多数情况下商业广告是要约邀请，但也有符合要约条件而成为一种要约的。

[补充阅读]

实践当中，旅行社经常会印制一些宣传资料，上面有线路、时间、价格等内容，这到底是要约还是要约邀请？弄清楚这一点非常重要，如果是要约，那么游客一旦承诺，该宣传资料就是旅游合同的组成部分，旅行社就要受此约束。如《中国公民出境旅游合同(示范文本)》第四条就规定："组团社的旅游广告及宣传制品应当遵循诚实信用的原则，其内容符合《合同法》要约规定的，视为本合同的组成部分，对组团社和旅游者双方具有约束力。"一般来说，旅行社向特定人群发放的内容具体确定的宣传资料都是要约。因此，旅行社印发宣传资料应特别谨慎，否则也易引发纠纷。

[小思考]

出租车停在路边招徕顾客，这是要约还是要约邀请？

(提示：这要看当地的规定和习惯。如果当地出租车可以拒载，这种招徕是要约邀请；如果当地不允许出租车拒载，则是要约。)

(二)承诺

承诺是受要约人同意要约的意思表示。承诺是合同签订的另一个重要阶段，任何合同都是要约和承诺相结合的产物。承诺一旦到达要约人，合同便告成立。

一项有效的承诺，必须符合以下条件：(1)承诺必须由受要约人向要约人做出；(2)承诺必须是对要约明确表示同意的意思表示；(3)承诺必须在要约有效期内做出；(4)承诺的内容必须与要约的内容一致。

一份合同的成立往往经历一次要约和承诺是不够的，如果受要约人对要约的内容做出实质性变更，这样的话承诺就没有完成，而是产生了一个新的要约。合同的签订往往要经历多次这样的反复。

[补充阅读]

旅游合同的签订也同样要经历要约和承诺阶段，尽管在签合同时谁也不会明说是在要约还是承诺。比如，旅行社新开发一条旅游线路，向旅游者散发宣传广告，通常情况下这是旅行社向旅游者发出要约邀请(符合要约条件的也构成要约)；旅游者看到广告后有点动心，去旅行社门市部咨询，这通常是旅游者向旅行社发出要约或要约邀请；经过咨询或协商，甚至包括讨价还价、修改协议，合同最终完成，这就是承诺。

五、格式合同

(一)格式合同的含义

合同的每一个条款都要经历协商的过程往往很麻烦，为减少这样的麻烦，有人发明了"格式条款"。格式条款是合同当事人为了重复使用而预先拟定，并在订立合同时未与对方协商的条款。采用格式条款订立的合同又称格式合同或标准合同、定式合同。生活中格式合同很多，如购房合同、电信合同、保险合同等。格式合同的好处很多，如可以节省时间，减少麻烦，而且国家还可通过标准合同，规定一些合同的必备条款,以保护当事人的利益。

（二）格式合同的限制

格式合同也有不足,提供商品或服务的一方在拟定合同条款时,很可能会利用其优越的经济地位,制定有利于自己而不利于消费者的条款。为避免这一情况的出现,我国《合同法》对格式合同的使用有一些特别的限制:(1)要求提供格式条款的一方遵循公平原则确定当事人之间的权利义务;(2)格式合同中若有免除或者限制对方责任的条款,提供格式条款的一方应采取合理的方式提请对方注意,并做出必要的说明;(3)提供格式条款的一方有意免除自身责任、加重对方责任、排除对方主要权利的条款无效;(4)对格式条款的理解发生争议的,应当按照通常的理解予以解释。对格式条款有两种以上的解释的,应当做出不利于提供格式条款一方的解释。

（三）旅行社格式合同的利弊

在实践当中,旅行社与旅游者之间也普遍使用格式条款订立合同。采用格式合同有其有利的一面:(1)提高效率,节约成本,促进交易。旅行社将一些普遍问题用相同的标准固定下来,而不必与每一个旅游者进行磋商,节省了大量的人力、物力。(2)可以弥补旅游者缔约能力的不足。旅游者知识层次差别很大,许多旅游者不了解合同行为及其法律后果,也不了解旅游合同的内容要点。格式合同预先载明交易条款、风险责任等内容,便于旅游者阅读并判断,有利于维护旅游者的利益。(3)因为格式合同已固定下来并反复使用,这也便于旅游行政管理机关进行监督。(4)发生合同纠纷时,方便旅游者起诉。比如旅游者可以推选出代表人进行诉讼,而不必每一个旅游者都参与进来,但法院的判决对没有直接参加诉讼的人同样发生法律效力。

采用格式合同不利的一面是格式条款千篇一律,缺乏特色,不利于满足旅游者的个性化要求;另外,由于合同条款是旅行社单方拟定的,很容易导致旅游者的抵触。

[小资料]

据报道,我国目前消费者在购买商品、接受服务时,90%以上都是以格式条款的形式明确双方权利义务的;在旅游业,这个比例几乎达到了100%。

第三节　旅游合同的履行

一、旅游合同的效力分析

已经成立的合同在法律效力上不一定相同,有的合同能生效,有的则不能生效,有的合同则可以撤销。

（一）旅游合同的生效

已成立的合同要产生当事人希望的后果，必须满足法定的生效条件，这些条件主要有：

（1）当事人有相应的缔约能力。如旅游者具有相应的民事行为能力，旅行社没有超范围经营等。

（2）意思表示真实。当事人意思表示一致，一般能导致合同的成立。但合同要生效还要求当事人意思表示要真实。比如一方当事人对合同的内容产生了重大误解，或当事人在受到胁迫的情况下被迫签订合同，表面上看，双方意思表示是一致的，但一方当事人的意思表示是不真实的。

（3）不违反法律或者社会公共利益。合同的目的和内容都不得违反法律和社会公共利益。违反法律和社会公共利益的合同不具有合法性，因而是无效的。如某旅行社明知某游客出境旅游是假，企图滞留不归是真，但仍与之签订出境旅游合同；又比如，某旅行社盗用其他旅行社的注册商标、品牌与游客签订合同，这些合同都是无效的。

（4）标的应确定和可能。合同的标的既不确定，也没有履行的可能，这样的合同本身就没有存在的必要。如旅行社与游客签订的赴月球旅游的合同。

（二）旅游合同的无效

有的合同虽然已经成立，但因为违反了法律、行政法规或者社会公共利益，是一种无效的合同，国家对此类合同既不承认也不加以保护，当事人对此类合同不能履行，也不承担违约责任。具有下列情况之一的合同都是无效的：

（1）一方以欺诈、胁迫的手段订立合同，损害国家利益。

（2）恶意串通，损害国家、集体或者第三人利益。如某景区官员以权谋私，以极低的价格将景区承包给亲戚来经营，这样的承包合同是无效的。又比如，某旅行社与其他旅行社串通起来，制定垄断价格，损害旅游者的利益，这样的合同也是无效的。

（3）以合法形式掩盖非法目的。如以免费旅游掩盖行贿之实，以形式合法的买卖行为达到隐藏财产、逃避债务的目的。

（4）损害社会公共利益。如允许某企业在著名景区建污染工厂的合同。

（5）违反法律、行政法规的强制性规定。如有的宾馆规定员工工伤概不负责的合同，某旅行社组织游客去境外赌博的合同等。

（三）旅游合同的可撤销

有的合同因为缺少一定的生效要件，属于可以撤销的合同，其是否有效，取决于有撤销权的一方当事人是否行使撤销权。根据合同法的规定，对下列合同，当事人有权请求人民法院或者仲裁机构变更或撤销。

1. 因重大误解订立的合同

所谓重大误解，是指当事人因自己的过错而对合同的内容等产生误解，订立了合同。误解既可以是单方面的误解,也可以是双方的误解。产生误解的原因既可能是当事人缺乏必要的知识、技能和信息,也可能是当事人缺乏必要的交易经验或能力。误解直接影响了当事人应享受的权利和承担的义务,因此,法律规定因重大误解订立的合同属于可撤销合同。

[案例]

有一家人在某城市旅游,为出行方便,他们决定在当地租一辆旅游中巴,一天的市内旅游结束后,他们问司机该收多少钱,司机一边伸出两个手指,一边说这是当地惯例。游客随即递给司机2000元钱。事后,游客越想越觉得不对劲,一打听,在当地,租用这样的车一天只要200元。请问,游客能把多付的钱要回来吗?

(提示:这属于重大误解,游客可以把多付的钱要回来。)

2. 显失公平的合同

显失公平的合同指的是合同中双方当事人的权利义务明显不对等,对一方明显不利的合同。造成显失公平的原因往往是当事人一方缺乏经验或者签合同的时候情况紧迫。因为显失公平的合同违反了公平合理的原则,所以它属于可撤销的合同。但实际生活中这类合同并不容易界定,因为公平与否,不同的人有不同的判断,且不同的交易环境对公平与否也会产生影响。比如同样一瓶矿泉水,平常的价格和在沙漠中作为稀缺资源的价格可能大不相同。

[课堂讨论]

某游客在一旅游名山住了几天,发现这里卖的生活用品尤其是食品比山下要贵很多,他认为这样显失公平。你觉得呢?

3. 一方以欺诈、胁迫的手段或者乘人之危,使对方在违背真实意思的情况下订立的合同

欺诈行为如旅游企业故意告知旅游者虚假情况,或故意隐瞒真实情况,以诱使旅游者做出错误的选择的行为。胁迫行为如旅游企业以威胁手段强迫旅游者订立合同的行为。乘人之危,是指利用他人危难处境或紧迫需要,迫使对方违背真实意思订立合同的行为。其构成要件为:(1)对方当事人处于窘迫或危难境地,比如生命、健康或名誉受到威胁,经济上遇到困难等;(2)行为人利用此情形向对方提出苛刻条件;(3)对方当事人被迫接受条件;(4)行为人得到了正常情况下不可能得到的重大利益。

当然,可以撤销的合同并非一定要撤销,根据合同法的规定,如果当事人请求变更合同,人民法院或者仲裁机构不得撤销合同。具有撤销权的当事人若要请求撤销合同,也要及时行使权利,不能无限期地拖延。

[小资料]

《中华人民共和国合同法》第五十五条:“有下列情形之一的,撤销权消灭:(一)具有撤销权的当事人自知道或者应当知道撤销事由之日起一年内没有行使

撤销权;(二)具有撤销权的当事人知道撤销事由后明确表示或者以自己的行为放弃撤销权。”

(四)合同无效或被撤销的法律后果

无效的合同或者被撤销的合同自一开始就没有法律效力,但这并不说明无效的合同或者被撤销的合同不产生任何法律后果。根据《合同法》的规定,合同无效或者被撤销的法律后果有两个:一是返还财产,二是赔偿损失。

[小资料]

《中华人民共和国合同法》第五十八条:“合同无效或者被撤销后,因该合同取得的财产,应当予以返还;不能返还或者没有必要返还的,应当折价补偿。有过错的一方应当赔偿对方因此所受到的损失,双方都有过错的,应当各自承担相应的责任。”

二、旅游合同的履行原则

旅游合同履行是指合同双方各自依照合同的约定,全面地、适当地完成其合同义务,以保证权利人的合同债权得到完全实现的行为。订立合同的目的当然是为了履行,而一项合同的履行完毕也是合同终止的最主要、最正常的原因。

旅游产品是由吃、住、行、游、购、娱等要素构成的组合产品,这使得旅游合同的履行更显复杂,需要组团社、地接社及其他旅游服务供应商的密切配合。因此,在旅游合同的履行过程中严格遵守履行原则有着重要的意义。旅游合同的履行原则主要有:全面履行原则、协作履行原则、经济合理原则。

(一)全面履行原则

这一原则指的是适当的履行主体按照合同规定的标的、质量、数量,在适当的履行期限、履行地点,以适当的履行方式,全面完成合同规定的义务。

全面履行原则不同于实际履行,比如,一个旅游汽车公司把游客从A地运到B地,实现了合同的目的,完成了合同的实际履行。但这种履行行为不一定是全面履行行为,因为将游客从A地运到B地,即使结果相同,但还存在运送方式、运送路线、运送期限等方面的差异。只有这些具体细节都符合合同要求,才叫全面履行。

[小思考]

下列案例是否属于全面履行合同?

(1)一旅行社接待一个50人的旅游团。当时口头约定:旅行社委派两个车、两个导游人员。但旅行社为节省费用,只派了一个大巴、一个导游员,并声称保证不会影响接待质量。

(2)几个旅游者参加某旅行社组织的长江三峡游,游客坐游船到达三峡大坝时才知,张飞庙已过,但导游员并没有带他们参观。在旅行社广为散发的宣传资料中含有张飞庙的游览项目。

(3)某旅行社组织游客赴青岛旅游,宣传资料中写明是住海景房。但游客在房内却看不到海。

(二)协作履行原则

协作履行原则是指合同当事人不仅应当各自严格履行自己的义务,而且应当尽力协助对方履行义务,在整个履行过程中遵循诚实信用的原则,贯彻团结互助的精神。主要表现为:

(1)因客观原因不能及时履行合同时应当告知对方,并积极采取措施加以补救。

(2)一方因他方违反合同受到损失时,应积极采取措施防止损失扩大。

(3)债权人应当及时接受对方的履行,并为履行创造必要的方便条件。

(4)为对方保守在履行过程中所了解的对方的秘密。

[补充阅读]

在旅游过程中,游客的主要义务是支付旅游团费,但游客的义务不仅限于此。在旅游过程中,游客也应配合旅行社的工作,如保持旅游车的卫生、按时集合出发、按时就餐、爱护文物、遵守景区规定等,这有助于旅行社全面履行自己的义务。同时,旅行社也应在旅游前积极做好履约准备,在旅游过程中严格遵守旅游计划,不擅自调整旅游线路和项目,不降低服务档次,出现影响旅游活动顺利进行的客观情况时,及时向旅游者说明情况,做好解释和沟通工作。

(三)经济合理原则

这一原则要求在履行合同时要讲求经济效益,以最小的成本取得最大的合同利益。如选择最经济合理的运输方式、选择体现经济合理原则的履行期限、选用体现经济合理原则的设备、违约时选择经济合理的补救方式等。

三、旅游合同履行过程中一些常见问题的处理

旅游合同的履行是由很多阶段组成的过程,每个阶段都有其复杂性和特殊性,因此,在合同的履行过程中,经常会出现各种各样的问题。遇到问题时我们该怎样处理更符合法律规范,这是每一个旅游从业人员都应该努力思考和认真学习的问题。

(一)合同条款约定不明确时的处理

旅游合同履行过程中,由于受主客观因素的影响,经常会发生条款约定不明的情况,处理得不好,很容易导致纠纷。当我们遇到条款内容约定不明确时,首先要做的是与对方协商,通过签订补充协议,将条款明确化,如果双方协议不成,可以按照合同有关条款或者交易习惯确定。如果仍然不能确定,则可以按下面的规定进行。

1. 质量约定不明确

根据我国《合同法》的规定，质量约定不明确的，按国家标准、行业标准执行；没有国家标准、行业标准的，按照通常标准或者符合合同目的的特定标准执行。这里说的通常标准，应该指的是中等质量标准，或者说是平均标准。

［案例］

一旅行社在与旅游者签订合同时，在住宿问题上，只谈到火车上住两夜，景区住两夜，却没有对住宿标准做出约定。有的游客说了，没有约定是旅行社方面的失误，游客可以根据自己的理解入住五星级酒店。这种情况下，导游人员该怎么办？

（提示：首先要虚心地承认错误；其次要做到真诚和有耐心；再次应做到以理服人。导游人员可以根据游客所交费用情况［如普通团还是豪华团等］和合同法的上述规定，向游客做出解释，如果是普通团，住宿标准应是三星级上下，不会最差，也不可能最好。导游人员也可以列举其他同类旅游团的住宿标准进行说明。）

2. 履行地点约定不明确

合同中约定的履行地点不明确的，应根据合同的性质、标的的种类和法律规定来确定。相关法律规定：履行地点不明确的，在履行义务一方所在地履行；给付货币的，在接受货币一方所在地履行。

［案例］

湖南某旅行社推出了港澳游的旅游项目，价格相对较低，吸引了很多游客与旅行社签约。临出发前，游客被告知，该旅游团从深圳组团，游客要自行赶赴深圳参团，去深圳的费用由游客自行承担。而这一条在合同中没有约定，游客大为不满。你觉得旅行社的做法合理吗？

（提示：本案例即属于履行地点约定不明确的情况，根据相关法律，履行地点不明确的，在履行义务一方所在地履行，而这是一家湖南的旅行社，履行地自然在湖南省的该旅行社的注册地。）

3. 履行期限约定不明确

旅游合同不约定履行期限或期限约定不明确的很少见，如果有的话，说明当事人太粗心了，但这样粗心的人也确实是存在。如果合同履行期限约定不明，根据合同法的规定，债务人可以随时履行，债权人也可以随时要求履行，但应当给对方必要的准备时间。具体来说，游客可以随时向旅游经营者支付费用，旅游经营者也可以随时要求旅游者支付费用，但要给旅游者必要的准备时间；旅游经营者可以随时履行义务，游客也可以随时要求旅游经营者履行义务，但要给旅游经营者必要的准备时间。

［案例］

南昌的一家旅行社组织一批游客参加庐山两日游项目，合同其他条款都很完满，唯独在履行期限的约定上出现了失误，合同中只讲明“五一黄金周期间”，而这一周有七天，到底是哪一天呢？如果你是旅行社工作人员，你该如何确定出行日子？

（提示：根据规定，旅行社可以在黄金周期间随时履行义务，也就是说，只要在黄金周期间，哪一天都行，但要给游客付款留出必要的时间。因此，最好的解决办法还是与游客协商，找到双方都满意的日子。）

4.履行方式约定不明确

根据合同法的规定，履行方式约定不明确时，按照有利于实现合同目的的方式履行。

[案例]

某旅行社组织一批游客参加黄山四日游，合同中约定晚间乘火车赴黄山市，但没有约定是否是卧铺。结果那批游客当晚乘坐的是硬座，整整12个小时，等上午到达黄山市时，游客们已筋疲力尽，游兴全无。请问，在合同没有约定的情况下，旅行社安排游客坐硬座合理吗？

（提示：履行方式约定不明确时，按照有利于实现合同目的的方式履行，游客整晚坐硬座出行，显然不利于实现第二天继续旅游的目的。）

（二）迟延履行后价格变动时的处理

在旅游合同的履行过程中，有可能会出现因旅游经营者的原因而使合同推迟履行的情况，在推迟履行期间如果旅游服务产品价格变动，应按下列规定履行合同：旅游服务产品价格上涨的，按原来的价格履行；旅游服务产品价格下降的，按新价格履行。一句话，执行的价格应有利于无过错方。

[案例]

某旅游团原定5月2日出行，但旅行社没有订到足够的机票。经协商，双方决定出行日期改为5月10日。游客提出，因不在黄金周期间旅游，旅行社应退还黄金周期间价格上涨的相关费用。请问，游客的要求合理吗？

（提示：游客的要求是合理的。旅行社自身的原因造成合同迟延履行，在黄金周前后价格出现变动的情况下，执行的价格应有利于无过错的旅游者。）

（三）当事人变化对合同履行的影响

旅游合同生效后，当事人不得因姓名、名称的变更或者法定代表人、负责人、承办人的变动而不履行合同义务。

[案例]

游客李某与某酒店客房部经理张某很熟，李某通过张某预订了2间客房，约定展销会期间入住，并向酒店交付了定金。后张某因故离职，酒店通知李某说，李某先期与酒店的预订客房的合同是张某个人行为，应属无效。酒店的做法合理吗？

（提示：李某并不是与张某签合同，而是与酒店签合同，张某的离职不影响酒店应履行的义务。）

第四节　旅游合同的变更、转让和终止

旅游合同成立后，还可能会出现需要变更、转让或终止的情况，作为旅行社从业人员，应了解这些情况，使合同的变更、转让和终止符合法律规范，这也是避免纠纷的一个重要前提。

一、旅游合同的变更

（一）旅游合同变更的含义

旅游合同的变更是指有效成立的旅游合同在尚未履行或未履行完毕之前，由于当事人协商一致或一定的法律事实的出现而使合同内容发生改变。旅游合同在签订以后，经常会出现需要变更的情况。如增加或减少参观景点、改变旅游日期、改变旅游路线等。

按照《合同法》的基本原理，合同一旦成立即具有法律效力，当事人不得擅自改变合同内容，但是，这并不意味着在任何情况下都不能变更合同。首先，根据前面提到的合同自由的原则，当事人协商一致，即可以变更合同，法律对此一般不会硬性禁止。其次，合同尚未履行或未履行完毕之前，如果客观情况发生变化，使得继续按照原合同约定履行会造成不利的后果，那么，变动原合同条款，调整合同内容显然也是必要的。

（二）旅游合同变更的条件

1. 协议变更

当事人协商一致可以使合同成立，同样，当事人协商一致，也可以变更合同。双方协议变更合同时应注意，双方对变更的内容应约定明确，如果双方对变更的内容约定不明确，那么就推定合同没有变更。

合同变更后最好以书面形式由双方签字确认，这可避免事后牵扯不清。因为合同变更而增加的旅游费用及给对方造成的损失一般由变更提出方承担，由此减少的旅游费用，旅行社应当退还给旅游者。

［案例］

某旅行社组织一批游客赴张家界旅游，上山之前，导游人员告诉大家，因为是旅游旺季，天子山景区索道排队等候的人很多，不如大家先游览袁家界景区，因为这是个临时增加的景点，所以大家要另外交费。多数游客同意了导游人员的意见，但有少数游客不同意改变行程，也不愿另外交费。导游人员说，根据“少数服从多数”的原则，你们必须交费。请问，导游人员的说法有道理吗？

（提示：在没有特殊情况出现的前提下，当事人协商一致，才可变更合同。旅游

团中只要有一个游客不同意变更合同，都说明当事人没有协商一致，这与“少数服从多数”的原则无关。这种情况下导游人员变更合同是没有道理的。）

2. 单方变更

单方变更是指在具备法律规定的变更合同的条件时，当事人单方变更合同内容的情况。根据我国《合同法》的规定，存在下列情况的合同，受损害方有权请求人民法院或者仲裁机构变更或撤销合同：因重大误解订立的合同；在订立合同时显失公平的；一方以欺诈、胁迫的手段或者乘人之危，使对方在违背真实意思的情况下订立的合同。根据《导游人员管理条例》，导游人员在引导旅游者旅行、游览过程中，遇有可能危及旅游者人身安全的紧急情形时，经征得多数旅游者的同意，可以调整或者变更接待计划。此外，游客交费后如遇国家政策性调价，旅行社有权调整收费标准，但是必须出示有关文件证明。

二、旅游合同的转让

合同转让是指合同当事人一方将其合同的权利或义务全部或部分转移给第三人。合同的转让与前面提到的合同的变更不同。合同的变更改变了合同的具体内容，合同当事人并没有变化；合同的转让正好相反，合同当事人出现了变化而合同内容并没有改变。

合同转让，按照其转让的权利义务不同，可以分为债权转让、债务移转、债权债务的概括转移三种情况。无论哪一种情况，转让方都应当及时通知对方或征得对方同意，这样的转让才具有法律效力。

[补充阅读]

合同的转让要产生法律效力，有的情况下要征得对方同意，有的情况下只要通知对方即可。(1)债权人转让权利的，应当及时通知债务人（而不一定要债务人同意），如果不通知，这种转让对债务人不产生法律效力。而且，债权人转让的权利应该是允许转让的权利，如果根据合同的性质或者当事人的约定或者法律的规定，该债权是不能转让的，那么债权人的转让行为也是无效的。(2)债务人将合同的义务全部或部分转移给第三人的，应当经债权人同意。(3)当事人一方经对方同意，可以将自己在合同中的权利和义务一并转让给第三人。总之，合同的转让只有在债权人转让权利这一种情况下只需通知对方，其他情况必须经对方同意。

对旅游合同的转让，《合同法》并没有专门的规定，也就是说，旅游合同的转让同样要遵循上述原则。根据旅游合同的实际，一般情况下旅游合同的转让要征得对方当事人的同意。如，旅行社因不能成团，将已签约的旅游者转让给其他旅行社出团时，须征得旅游者的书面同意。如果旅行社未经旅游者的书面同意就擅自将旅游者转让给其他旅行社的，旅行社应承担相应的法律责任。

三、旅游合同的终止

无论哪一类合同都是有一定存在期限的,它不能永久存续。因此,任何一类合同,其规定的权利义务都迟早要走向终止。《中华人民共和国合同法》规定了几种合同权利义务终止的情况,可直接套用在旅游合同中。

(一)债务已经按照约定履行

这也就是说,合同已得到履行,合同当事人的利益要求已得到满足,合同目的已经实现,合同当然也就终止了。如旅游者退房离开酒店,旅游团成员结束旅行回到家中,都表明合同已得到履行,旅游合同自然终止。

(二)合同解除

在合同履行过程中,主客观情况可能会发生变化,使合同不能履行或不宜履行,甚至由于一方当事人严重违反合同义务,造成合同不可能履行或不必要履行,这些情况的存在,使我们有必要对合同解除作出规定。合同解除指的是合同成立后,没有履行或没有履行完毕之前,当事人双方通过协议或者一方行使解除权的方式,使合同关系提前解除。合同解除的方式有两种:

1. 约定解除

法律允许合同双方通过协议的方式解除合同,这是合同自由原则的体现。此外,当事人也可以约定好一方可解除合同的条件,当这一条件成立时,解除权人可以解除合同。

2. 法定解除

《合同法》规定,在一些特定情况出现时,当事人一方也可以行使解除权使合同解除。这些情况包括:不可抗力、当事人一方不履行债务等。

[相关法律条文]

《中华人民共和国合同法》第九十四条:“有下列情形之一的,当事人可以解除合同:(一)因不可抗力致使不能实现合同目的;(二)在履行期限届满之前,当事人一方明确表示或者以自己的行为表明不履行主要债务;(三)当事人一方迟延履行主要债务,经催告后在合理期限内仍未履行;(四)当事人一方迟延履行债务或者有其他违约行为致使不能实现合同目的;(五)法律规定的其他情形。”

当事人行使法定解除权解除合同的,应当通知对方,合同在通知到达对方的时候解除。合同解除后,尚未履行的,终止履行;已经履行的,根据合同性质和履行情况,当事人可以要求恢复原状、采取补救措施,并可要求赔偿损失。

[案例]

某旅行社推出了城市周边景区一日游的旅游产品,为方便大家交款,旅行社允许游客在上车后再付款。但一位游客上车后坚持不付款,说要在全部行程结束后再付款。导游员解释说,根据合同规定,上车后,行程开始前就应付清全部款项,否则就是违约，但该游客置之不理。游完两个景点后，该游客仍不付款。如果你是导游员，你会怎么做？

（提示：该游客迟延履行主要债务，经催告后在合理期限内仍未履行，这时旅行社可以行使法定解除权，终止与该游客的旅游合同，并可要求他支付已发生的费用。）

（三）债务相互抵消

合同双方互相有到期债务，该债务的标的物种类、品质相同的，任何一方可以将自己的债务与对方的债务抵消（除非法律规定或按合同性质不得抵消）。债务的标的物种类、品质不相同的，经双方协商一致，也可以抵消。

[案例]

某旅行社在组团旅游过程中，一个行程安排中的景点因内部整修而无法参观，为此旅行社将退还每位游客100元费用。旅游团中有一个游客尚有100元的费用没有交清，请问，旅行社与该游客之间最简单的处理债权债务的方法是什么？假设该景点可以参观，导游员考虑到该游客尚有100元费用没有交清，于是向该游客提出一个折中的解决方法：该游客不参加该景点的参观，100元费用也免交。请问，导游员这样做合适吗？

（提示：第一个问题，根据品质相同的债务可相互抵消的原则，旅行社与该名欠费游客之间最简单的处理债权债务的方法是抵消。第二个问题，导游员这样做是可以的，前提是与这名游客协商好，并征得该游客同意。）

（四）债务人依法将标的物提存

提取是指债务人将无法清偿的标的物交给提存机关保存，由此消灭债的行为。

债务人清偿债务过程中，可能会发生一些特殊情况，致使债务人不能向债权人交付标的物。为保护债务人的利益，《合同法》规定，在发生合同法所规定的一些特定情况时，允许债务人以提存的方式代替清偿，从而消灭所负债务。这些特定情况主要有三种：(1)债权人无正当理由拒绝受领；(2)债权人下落不明；(3)债权人死亡未确定继承人或者丧失民事行为能力未确定监护人。

[补充阅读]

在实际生活中，债权人无正当理由拒绝受领或迟延受领的情况时有发生，这时，债务人的债务就无法履行，合同关系也难以消灭，债务人仍要受到债务的约束，随时处于准备履行的状态，这对债务人显然不利。在此，提存制度的设立是非常必要的，无辜的债务人可通过提存从债务约束中解脱出来。

交付提存的物可以是动产，也可以是不动产，一般情况下是货币、有价证券、贵重物品等，鲜活物品、不能长期保存的物品、提存费用过高的物品都不宜提存。标的物提存后，除债权人下落不明的以外，债务人应当及时通知债权人或者债权人的继承人、监护人。债权人应当自提存之日起5年内领取提存物，否则，提存物将在扣除提存费用后归国家所有。标的物提存的费用由债权人负担,标的物的孳息(如货币的利息等)归债权人所有,标的物在提存后毁损、灭失的风险由债权人承担。

债权人可以随时领取提存物,但债权人对债务人负有到期债务的,在债权人未履行债务或者提供担保之前,提存部门根据债务人的要求应当拒绝其领取提存物。

[案例]

一名外地游客在成都一家旅行社报名参加九寨沟五日游,该游客在成都期间购买了一台摄影机,考虑到在外旅游带着摄影机不方便,游客提出将摄影机暂时交旅行社保管,旅游结束后游客再将其取回。旅行社同意为游客免费保管,直到旅游结束。双方办理了有关保管手续。在九寨沟旅游期间,该游客因家里有事终止了旅游,直接赶回家中,没有回到成都取摄影机。旅行社考虑到游客的特殊情况,决定继续为游客保管摄影机。但在半年的时间里,该游客一直也没有来取。旅行社多次催促,该游客总是含糊其辞,既不说要,也不说不要。后来,旅行社根本就联系不上他。

请问:(1)在这种情况下,旅行社是否可以将游客的摄影机提存?(2)旅行社在将摄影机提存后,该游客还可向旅行社要回摄影机吗?该游客应怎样才能要回摄影机?(3)如果游客交给旅行社保管的是保质期仅半年的食品,旅行社能否以提存的方式解除其保管义务?

(提示:1. 摄影机早就过了保管期限,该游客无正当理由拒绝领取,后来旅行社又无法与之取得联系,而摄影机应属于可提存的物品,因此,旅行社可以考虑将游客的摄影机向有关部门(一般是公证处)提存。2. 旅行社在将摄影机提存后,旅行社与该游客间的保管合同关系已经解除,该游客不能再向旅行社要回摄影机。但在可能的情况下,旅行社应当及时将提存的情况通知游客。游客应在提存之日起5年内领取摄影机,否则将失去对摄影机的所有权。3. 鲜活物品、不能长期保存的物品不能提存。因此,旅行社不能以提存这些食品的方式解除其保管义务。在食品即将过期的情况下,旅行社可以拍卖或变卖这些食品,而对获得的款项进行提存。)

(五)债权人免除债务

如果债权人抛弃债权,主动免除债务人的债务,合同关系自然终止。比如,某游客报名参加了A旅行社的一个一日游项目,但因为他的好朋友参加了B旅行社的一日游项目,该游客于是主动放弃了A旅行社的一日游项目,转而报名参加B旅行社的一日游。该游客的这一行为实际上是免除了A旅行社本应承担的为该游客提供旅游服务的义务。

(六)债权债务同归于一人

生活中可能会发生债权债务同归于一个人(或单位)的情况,这时合同自然终止。如企业合并、第三人同时继承债权人的债权和债务人的债务等。

第五节　旅游合同违约责任

一、违约责任的概念

违约责任是指合同当事人不履行合同义务或者履行合同义务不符合约定时所应承担的法律后果。

由于主客观的原因，合同当事人一方或双方违反合同义务的情况时有发生，法律设立违约责任制度，有利于弥补因违约给对方造成的损失，有效地维护合同纪律，促进合同的正确履行，维护正常的社会经济秩序。

二、合同履行中的免责事由

产生违约责任的行为有很多种，如当事人拒绝履行合同、无法履行合同、迟延履行合同、履行不符合约定的标准等。在这些行为当中，有些是不能原谅的，而有些是"情有可原"的，下面我们来看一下哪些属于"情有可原"而不必承担责任的情况。

（一）法定免责事由——不可抗力

不可抗力是合同法中一个很重要的概念。所谓不可抗力，是指不能预见、不能避免并不能克服的客观情况。不可抗力的范围主要包括三类：(1)自然灾害，如地震、台风、洪水、海啸、火山爆发、山体滑坡、雪崩、泥石流等。需要注意的是，一些轻微的、并未给当事人的义务履行造成重大影响的自然灾害不构成不可抗力。(2)政府行为。若政府颁布新的政策、法律和行政措施，导致合同不能履行，应免除债务人不履行合同的责任，这是司法实践当中一个通常的做法。(3)社会异常事件，如战争、罢工、骚乱等，这些事件也是签订合同时无法预见的，事件发生后，当事人也无法避免和克服。

因不可抗力导致不能履行合同的，根据不可抗力的影响，部分或全部免除责任。如果不可抗力已使合同的履行成为不可能，则应免除违约方的责任；如果不可抗力只造成部分合同无法履行，则应免除违约方的部分责任；如果不可抗力只是造成债务人暂时履约困难，则可要求债务人迟延履行，免除其迟延履行的责任。但是，在不可抗力发生前，债务人就因自身的原因迟延履行合同，这时债务人不能因不可抗力免除责任。

[相关法律条文]

《中华人民共和国合同法》第一百一十七条："因不可抗力不能履行合同的，根据不可抗力的影响，部分或者全部免除责任，但法律另有规定的除外。当事人迟延履行后发生不可抗力的，不能免除责任。"

（二）合同中约定了免责条款

如果合同双方当事人在合同中约定了一定的事由或条件，当违约符合所约定的事由或条件时，可免除违约方的违约责任。当然，前提是上述约定是合法的。

（三）法律特别规定了免责条件

除了不可抗力之外，法律有特别规定的免责条件的，一旦发生违约又符合该条件时，可免除违约责任。如根据《合同法》的规定，符合法律和合同规定条件下的运输，由于货物本身的自然性质或合理损耗的原因造成货物灭失、短少、变质、污染、损坏的，承运人不承担责任。

（四）对方有过错

如果合同不能履行或不完全履行完全是由于对方的过错所造成的，不履行或不完全履行的一方不仅可以免除责任，而且有权要求对方赔偿损失。

三、违约责任的承担方式

由于违约行为多种多样，导致违约责任的承担方式也是多种多样的。

（一）支付违约金

违约金是指合同当事人在合同中约定的，在债务人不履行或不适当履行合同义务时，向对方当事人支付的一定数额的金钱。违约金一定要在合同中事先约定，若未约定，则不产生违约金责任。

违约金具有赔偿性，债务人支付了违约金之后，债权人不能再要求债务人继续履行合同或者赔偿损失。但如果当事人约定的是迟延履行违约金，违约方支付违约金后，还应当履行合同。

违约金不能过高或过低，如果约定的违约金过分高于或低于违约行为所造成的损害，当事人可请求人民法院或仲裁机构适当予以减少或增加。

（二）赔偿损失

合同一方当事人因为对方的违约行为而造成财产损失时，可以要求违约方赔偿损失。赔偿的范围可由合同当事人事先约定，如果没有约定，赔偿的范围应包括违约行为给对方当事人所造成的财产直接损失和间接损失。

[补充阅读]

所谓直接损失是指因违约行为而造成对方当事人现有物质财富的减损，如财物损坏、灭失、费用支出等；间接损失是指因违约行为而造成对方当事人未来可得利益的丧失，如利润损失等。而且，《合同法》中的赔偿损失只限于财产损失，不包括非财产损失，即精神损害。

（三）继续履行

继续履行是指由法院或仲裁机关做出要求实际履行的判决或下达特别履行命令，强迫债务人在指定期限内履行合同债务。

（四）其他补救措施

其他补救措施是指违约方采取上述方式以外的补救措施，包括修理、更换、重做、退货、减少价款或报酬等。

四、违约责任与侵权责任的区别

侵权责任也是民事责任的主要形式之一。侵权责任是指行为人不法侵害社会公共财产或者他人财产、人身权利而应承担的民事责任。实践当中，旅行社或旅游者既可能承担违约责任，也可能承担侵权责任，有时一个行为可能既是违约行为，也是侵权行为。这时应由受害人选择追究加害人何种责任，而不能同时要求加害人承担两种责任。

[小思考]

某旅行社的旅游车在送游客去景点的过程中，因旅行社司机的原因，发生车祸，造成多名游客受伤。请问这是旅行社的违约行为还是侵权行为？旅行社应承担什么责任？

（提示：旅行社的这一行为既违反了合同的约定，也侵害了游客的人身权利，因此，旅行社的行为既是违约行为也是侵权行为。这时旅行社具体应承担什么责任要看游客是怎么样起诉了。如果游客以旅行社违约为由起诉旅行社，旅行社就应承担违约责任；如果游客以旅行社侵权为由起诉旅行社，旅行社就应承担侵权责任。）

受害人在选择追究加害人何种责任时，应注意违约责任与侵权责任的区别。违约责任与侵权责任的基本区别在于以下几点：

(1)违约责任以当事人间存在合同关系为前提，侵权责任不需要当事人间存在合同关系。

(2)违约责任不需要有损害事实的存在，只要违约就应承担责任，侵权责任以损害事实存在作为必要条件。

(3)诉讼时效不一样。诉讼时效是指权利人在法定期间内不行使权利即丧失请求人民法院依法保护其民事权利的法律制度。追究违约责任的诉讼时效一般为2年，而受害人身体受到伤害追究侵权责任的诉讼时效为1年，超过这个时间，权利人将不再享有请求人民法院保护的权利。

[小思考]

某游客因旅行社的旅游车违章驾驶而受伤，他在事情过去1年半时才起诉旅行社，他怎样做才能维护自己的权益？

（提示：他应以旅行社违约起诉旅行社，而不能以旅行社侵权起诉旅行社，因为身体受到伤害追究侵权责任的诉讼时效为1年，已过了追究旅行社侵权责任的诉讼时效。）

(4)在承担责任的方式上,支付违约金和修理、重做、更换只适用于违约责任,不适用于侵权责任。

(5)在赔偿范围上,违约责任主要是财产损失的赔偿,侵权责任不仅包括财产损失的赔偿,还包括人身伤害和精神损害的赔偿。

第六节　旅游合同示范文本

旅游合同几乎都是格式合同,如果这一合同都由各个旅行社自己制定,由于制定的水平、标准不一,不仅可能导致各旅行社间合同差异太大,也不利于真正保护旅游者和旅行社的合法权益。因此,各地都习惯于制定旅游合同范本,现在旅行社所签的合同基本上采用的都是示范文本,这为减少旅游合同纠纷起了重要作用。但长期以来,我国没有全国统一的旅游合同文本,这为跨区域的旅游活动带来不便,也降低了示范文本的功效。

一、《中国公民出境旅游合同(示范文本)》及解读

为切实维护旅游消费者和出境旅游组团社合法权益,优化旅游发展环境,规范出境旅游行为,促使经营者诚信经营,旅游者诚信消费,减少旅游合同纠纷,国家旅游局和国家工商行政管理总局根据《中华人民共和国合同法》、《中华人民共和国消费者权益保护法》、《旅行社管理条例》、《中国公民出国旅游管理办法》等法律法规的有关规定,共同制定了《中国公民出境旅游合同》(示范文本)(以下简称“示范文本”,共7章、24条和2个附件)。该文本于2007年3月20日发布,并从发布之日起在全国范围内推行使用,是各级旅游质监所受理和处理游客投诉的依据。

鉴于此示范文本对预防纠纷、维护旅游者和旅行社权益方面的重要性,本节将该示范文本全文列出,并配以必要的解读,便于读者理解掌握。

《中国公民出境旅游合同》

(示范文本)

使用说明

1.本合同为示范文本,供中华人民共和国境内(不含港、澳、台地区)经营出境旅游业务的组团旅行社(以下简称“组团社”)与出境旅游者(以下简称“旅游者”)之间签订组团出境旅游合同时使用。

2.双方当事人应当结合具体情况选择本合同协议条款中所提供的选择项,空

格处应以文字形式填写完整。

3. 双方当事人可以书面形式对本示范文本内容予以变更或者补充。变更或者补充的内容，不得减轻或者免除应由组团社承担的责任。

4. 本示范文本由国家旅游局和国家工商行政管理总局共同制定、解释，并在全国范围内推行使用。

（解读：此处“使用说明”并不是可有可无。最重要一点是它明确了示范文本的适用范围，即：示范文本仅供我国境内（不含港、澳、台地区）经营出境旅游业务的组团旅行社与出境旅游者间签订组团出境旅游合同时使用。因此，此合同不适用于自助游和单项业务委托。）

《中国公民出境旅游合同》

合同编号：________

一、定义和概念

第一条 本合同的词语定义

1. 组团社，是指合法取得《企业法人营业执照》并经国家旅游局批准取得组织中国公民以团队形式出境旅游业务资格的旅行社，其名单由国家旅游局统一公布。

（解读：不是所有的旅行社都能经营出境旅游业务。就出国旅游来说，根据《中国公民出国旅游管理办法》，旅行社经营出国旅游业务，应当具备下列条件：1. 取得国际旅行社资格满1年；2. 经营入境旅游业务有突出业绩；3. 经营期间无重大违法行为和重大服务质量问题。具备上述条件的旅行社要申请经营出国旅游业务，还应向省、自治区、直辖市旅游行政部门提出申请，经审查同意后，报国务院旅游行政部门批准。）

2. 旅游者，是指与组团社签订出境旅游合同，参加出境旅游活动的中国公民或者团体。

3. 出境旅游服务，是指组团社依据《旅行社管理条例》等法律法规，组织旅游者到中华人民共和国境外的国家及港、澳、台地区等旅游目的地旅行游览、代办旅游签证/签注，并亲自或者委托经境外旅游目的地政府指定的当地旅行社为旅游者代订旅游交通票务、安排餐饮、住宿、游览服务等经营活动。

4. 旅游费用，是指旅游者支付给组团社，用于购买出境旅游服务的费用。

旅游费用包括：必要的签证/签注的费用（旅游者自办的除外）；交通费（含境外机场税）；住宿费；餐费（不含酒水费）；非自费旅游项目景区景点的第一道门票费；行程中安排的其他项目费用；组团社、地接社、境外导游等服务费。

旅游费用不包括：旅游证件的费用和办理离团的费用；个人投保的旅游保险费；合同约定自费项目的费用；合同未约定由组团社支付的费用（包括：行程以外非

合同约定活动项目所需的费用、自由活动期间发生的费用等)；境外小费；行程中发生的旅游者个人费用(包括：交通工具上的非免费餐饮费、行李超重费，住宿期间的洗衣、电话、饮料及酒类费，个人伤病医疗费，寻回个人遗失物品的费用及报酬，个人原因造成的赔偿费用等)。

5. 旅行社责任保险，是指旅行社根据与保险合同的约定，向保险公司支付保险费，保险公司对旅行社在从事旅游业务经营活动中，致使旅游者人身、财产遭受损害应由旅行社承担的责任，承担赔偿保险金责任的行为。

6. 离团，是指旅游者参加了组团社所组的出境旅游团队后，在境外因疾病、证件丢失等客观原因未能随团队完成约定行程的行为。

7. 脱团：是指旅游者参加了组团社所组的出境旅游团队后，在境外擅自脱离旅游团队，不随团完成约定行程的行为。

8. 转团，是指由于低于成团人数，组团社在保证所承诺的服务内容和标准不变的前提下，经旅游者书面同意，在出发前将其转至其他旅行社所组的出境旅游团队的行为。

9. 不可抗力，是指不能预见、不能避免并不能克服的客观情况，包括因自然原因和社会原因引起的，如自然灾害、战争、罢工、重大传染性疫情、政府行为等。

10. 意外事件，是指因当事人故意或者过失以外的偶然因素而发生的事故。如重大礼宾活动导致的交通堵塞、列车航班晚点等。

11. 业务损失费，是指组团社因旅游者行前退团而产生的经济损失。包括：乘坐飞机(车、船)等交通工具的费用(含预订金)、旅游签证/签注费、酒店住宿费用(含预订金)、旅游观光汽车的人均车租等已发生的实际费用。

12. 黄金周，是指春节、“五一”、“十一”期间的7天节假日。其具体日期以当年国务院办公厅通知的放假时间为准。

(解读：对一些旅游术语和关键概念，很多游客实际上是模糊不清的，许多旅行社工作人员也未必清楚，这是导致争执和纠纷的重要因素之一。示范文本的第一条对组团社、旅游者、出境旅游服务、旅游费用、旅行社责任保险、离团、脱团、转团、不可抗力、意外事件、业务损失费和黄金周等12个词语进行了明确的界定，统一了旅行社、游客在这些概念上的认识，避免了因对合同概念的不同理解而导致的纠纷。尤其是在第4款中细化了实践中常出现争议的“旅游费用”的内容，具体列明了旅游费用包括与不包括的内容，有很强的指导意义，能有效地避免双方的争议。)

二、合同的签订

第二条　旅游行程计划说明书

组团社应当提供带团号的《旅游行程计划说明书》(以下简称《计划书》)，经双方签字或者盖章确认后作为本合同的组成部分。《计划书》应当对如下内容做出明确的说明：

(1)旅游目的地,线路行程时间(按自然日计算,含乘飞机、车、船等在途时间,不足24小时以一日计);

(2)交通工具及其档次等级(明确交通工具出发时间段以及是否需中转等信息);

(3)住宿安排及住宿酒店的名称、地点、档次等级(是否有空调、热水等相关的服务设施);

(4)景点/景区及游览活动等旅游线路内容(含主要景点停留的最少时间);

(5)用餐(早餐和正餐)的次数及其标准;

(6)购物安排(组团社安排的购物次数不超过行程日数的一半,并同时列明购物场所名称、停留的最多时间及主要商品等内容);

(7)行程安排的娱乐活动(时间、地点、项目);

(8)自费项目(如有安排,组团社应在签约时向旅游者提供《境外自费项目表》,由旅游者自愿选择并签字确认后作为本合同的组成部分;自费项目应以不影响原计划行程为原则,代收的自费项目费用不得高于当地同期市场零售价);

《计划书》用语须准确清晰,不应出现"准×星级"、"豪华"、"优秀导游(领队)服务"、"仅供参考"、"以××为准"、"与××同级"等不确定性用语。

(解读:《旅游行程计划说明书》是旅游合同的重要补充,对避免旅游纠纷有重大意义。此条是对《旅游行程计划说明书》的具体规定,该规定对组团社提出了较高的要求。如:要求组团社详细说明旅游行程中的吃、住、行、游、购、娱等服务内容,包括酒店的名称、地点,主要景点停留的最少时间,娱乐活动的时间、地点、项目,购物场所名称、停留的最多时间及主要商品,安排的购物次数不超过行程日数的一半,等等。同时规定对服务档次的描述不得使用不确定性用语。这些规定提高了组团社的工作难度,在千变万化的出境游市场面前,旅行社将面临更大的组织工作上的压力。但这一规定有利于旅行社真正做到规范服务,标准服务,减少随意性,从而减少旅游纠纷。)

第三条　签订合同

旅游者应当认真阅读本合同有关条款、《计划书》和《境外自费项目表》,在旅游者明晰本合同条款及有关附件内容的情况下,组团社和旅游者应当签订书面合同。

第四条　旅游广告及宣传制品

组团社的旅游广告及宣传制品应当遵循诚实信用的原则,其内容符合《合同法》要约规定的,视为本合同的组成部分,对组团社和旅游者双方具有约束力。

第五条　合同效力

本合同一式两份,双方各持一份,具有同等法律效力,自双方当事人签字或者盖章之日起生效。

三、合同双方的权利义务

第六条　组团社的权利

1. 根据旅游者的身体健康状况及相关条件决定是否接纳旅游者报名参团。

（解读：该款规定赋予旅行社一定程度选择旅游者的权利。为此，旅行社应事先告知旅游活动涉及的内容和参加的要求。实践当中有的旅行社拒绝所谓“消费能力差”的旅游者的旅游要求，侵犯了旅游者的合法权益，不属于本款规定的范畴。）

2. 有权核实旅游者提供的相关信息资料。

3. 按照合同约定向旅游者收取全额旅游费用。

4. 旅游团队遇紧急情况时，可采取紧急避险措施。

5. 有权拒绝旅游者提出的超出合同约定的不合理要求。

第七条　组团社的义务

1. 按照合同和《计划书》约定的内容和标准，为旅游者提供质价相符的旅游服务。对可能危及旅游者人身、财产安全的项目和须注意的问题，应当事前向旅游者做出真实说明和明确警示，并采取防止危害发生的措施。

2. 在出团前召开说明会，把根据《计划书》细化的《行程表》和《行程须知》发给旅游者，如实告知旅游的具体行程安排和各项服务标准；所到国家或地区的重要规定、风俗习惯；安全避险措施；境外收取小费的惯例及支付标准、外汇兑换事项；应急联络方式（包括我驻外使领馆及组团社境内、境外的应急联系人及联系方式）。

（解读：该条款明确规定了出境旅游组团社有召开行前说明会和向游客发放《行程表》、《行程须知》的义务。实践中有的旅行社图省事不开行前说明会，不利于旅行社的组织管理工作，也不利于保障游客的安全，应予以纠正。）

3. 为旅游团队安排符合《出境旅游领队人员管理办法》资质要求的领队人员。

4. 妥善保管旅游者提交的各项证件。

5. 按照《旅行社投保旅行社责任保险的规定》投保旅行社责任保险，并向旅游者推荐旅游个人保险及其他保险。

6. 行程中不得违反合同约定，强迫或者变相强迫安排旅游者购物、参加自费项目。

旅游者在《计划书》安排的购物点所购物品系假冒伪劣商品时，组团社应当积极协助旅游者进行索赔，自购物之日起90日内，旅游者无法从购物点获得赔偿的，组团社应当先行赔付。

（解读：旅游者在旅行社安排的旅游点中购买到假冒伪劣商品时该如何赔偿，实践中一直有争议。该规定明确了旅行社先行赔付的条件，加大了对旅游者合法权益保护的力度,同时对旅行社慎重选择购物点提出了更高要求。)

7. 向旅游者提供合法的旅游费用发票。

8. 对《出境旅游报名表》的各项旅游者个人资料信息保密。

9. 积极协调处理旅游者在旅游行程中的投诉。出现纠纷时,采取适当措施防止损失扩大。

10. 由于第三方侵害等不可归责于组团社的原因导致旅游者人身、财产权益受到损害的,组团社应当履行协助义务,避免旅游者人身、财产权益损失扩大。

(解读:第9、第10款的规定,实际上明确了组团社的减损义务和协助义务。)

第八条　旅游者的权利

1. 依法享有《中华人民共和国消费者权益保护法》和有关法律法规赋予消费者的各项权利。

2. 在支付旅游费用时有权要求组团社开具发票。

3. 有权要求组团社按照合同和《计划书》的内容和标准,兑现旅游行程服务。

4. 有权拒绝组团社未经事先协商一致的转团行为和合同约定以外的购物及自费项目安排。

第九条　旅游者的义务

1. 如实填写《出境旅游报名表》和签证/签注资料的各项内容,并对所填的内容承担责任。

2. 向组团社提交的因私护照或者通行证有效期应当在半年以上,自办签证/签注者还应当确保所持签证/签注在出游期间有效。

3. 按照合同约定支付旅游费用。

4. 遵守合同约定完成旅游行程,配合领队人员的统一管理。

5. 遵守我国和旅游目的地国家(地区)的法律法规和有关规定,不携带违禁物品出入境,不在境外滞留不归。

6. 尊重旅游目的地国家(地区)的风俗习惯,举止文明,不涉足色情场所,不参与赌博。

7. 妥善保管自己的行李物品,尤其是贵重物品。

8. 行程中发生纠纷,应当本着平等协商的原则解决,采取适当措施防止损失的扩大,不得以拒绝登机(车、船)等行为拖延行程或者脱团。

(解读:第九条明确了旅游者的义务不仅仅是交费,还有诸如提供真实个人信息、配合领队管理、保管自己的行李、举止文明等义务,有利于避免纠纷。尤其是规定了旅游者须履行减损义务,如第九条第8款规定的,发生纠纷时,旅游者应采取适当措施防止损失的扩大,不得以拒绝登机(车、船)等行为拖延行程或者脱团。以条文的形式做出这样的规定可避免旅游者过度维权,有利于纠纷的解决。)

四、合同的变更

第十条 合同内容的变更

1. 组团社与旅游者双方协商一致，可以变更本合同约定的旅游内容，但应当以书面形式由双方签字确认。由此增加的旅游费用及给对方造成的损失由变更提出方承担，由此减少的旅游费用，组团社应当退还旅游者。

2. 因不可抗力或者意外事件导致无法履行或者继续履行合同的，组团社可以在征得多数旅游团队成员同意后对相应内容予以变更。因紧急情况无法征求意见时，组团社可决定内容的变更，但应当就做出的决定提供必要的说明和证据。

（解读：该款规定是《导游人员管理条例》第十三条的补充，该条规定为："导游人员在引导旅游者旅行、游览过程中，遇有可能危及旅游者人身安全的紧急情形时，经征得多数旅游者的同意，可以调整或者变更接待计划，但是应当立即报告旅行社。"比较而言，示范文本的规定赋予了组团社在情况紧急无法征求意见时的单独处置权，因而更具灵活性，便于导游人员操作。）

3. 在行前遇到不可抗力或者意外事件的，双方经协商可以取消行程或者延期出行。取消行程的，由组团社向旅游者全额退还旅游费用（但应当扣除已发生的签证/签注费用）。已发生旅游费用的，应当由双方协商后合理分担。

4. 在行程中遇到不可抗力导致无法履行或者继续履行合同的，组团社按本条第2款的约定实施变更后，将未发生的旅游费用退回旅游者，增加的旅游费用，应由双方协商后合理分担。

5. 在行程中遇到意外事件导致无法履行或者继续履行合同的，组团社按本条第2款的约定实施变更后，将未发生的旅游费用退回旅游者，因此增加的旅游费用由提出变更的一方承担（但因紧急避险所致的，由受益方承担）。

第十一条 组团社转团

当组团低于成团人数不能成团时，组团社可以在保证所承诺的服务内容和标准不变的前提下，将旅游者转至其他组团社所组的出境旅游团队，但必须事先征得旅游者书面同意，在本合同协议条款中注明，并就受让出团的组团社违反本合同约定的行为先行承担责任，再行追偿。

旅游者和受让出团的组团社另行签订合同的，本合同的权利义务终止。

（解读：拼团、转团是旅行社经营过程中难以回避的问题，由于缺乏必要的规范，由拼团、转团而引发的纠纷和投诉也有不少。第十一条明确了出境游组团社拼团、转团的必备条件：一是必须取得旅游者的书面同意；二是必须保证所承诺的服务内容和标准不变；三是受让旅行社必须是出境游组团社；四是出现服务质量等违约问题由出让组团社先行赔付。）

五、合同的解除

第十二条 不同意转团和延期出团的合同解除

在组团社低于成团人数不能成团时，旅游者既不同意转团也不同意延期出团的，视为组团社解除合同，按本合同第十三条、第十五条第1款相关约定处理。

第十三条 行程前的合同解除

旅游者和组团社在行前可以书面形式提出解除合同。在出发前30日（按出发日减去解除合同通知到达日的自然日之差计算，下同）以上（不含第30日）提出解除合同的，双方互不承担违约责任。组团社应当在解除合同的通知到达日起5个工作日内，向旅游者退还全部旅游费用。组团社提出解除合同的，不得扣除签证/签注费用；旅游者提出解除合同的，如已办理签证/签注的，应当扣除签证/签注费用。

旅游者或者组团社在旅游出发前30日以内（含第30日，下同）提出解除合同的，由提出解除合同的一方承担违约责任。

第十四条 行程中的合同解除

1. 旅游者未按约定时间到达约定集合出发地点，也未能在出发中途加入旅游团的，视为旅游者自愿解除合同，按照本合同第十六条第1款相关约定处理。

2. 旅游者在行程中脱团的，组团社可以解除合同。旅游者不得要求组团社退还旅游费用，如给组团社造成经济损失的，应当承担相应赔偿责任。

六、违约责任

第十五条 组团社的违约责任

1. 组团社在出发前30日以内（含第30日）取消出团的，向旅游者退还全额旅游费用（不得扣除签证/签注费），并按下列标准向旅游者支付违约金：

出发前30日至15日，支付旅游费用总额2%的违约金；

出发前14日至7日，支付旅游费用总额5%的违约金；

出发前6日至4日，支付旅游费用总额10%的违约金；

出发前3日至1日，支付旅游费用总额15%的违约金；

出发当日，支付旅游费用总额20%的违约金。

如上述违约金不足以赔偿旅游者的实际损失，组团社应当按实际损失对旅游者予以赔偿。

组团社应当在取消出团通知到达日起5个工作日内，向旅游者退还全额旅游费用，并支付上述违约金。

2. 组团社未按合同约定提供质价相符的服务，或者未经旅游者同意调整旅游行程（本合同第十条第2款规定的情况除外），造成项目减少、旅游时间缩短或者标准降低的，应当采取措施予以补救，未采取补救措施的，应当承担相应的赔偿责任。

3. 组团社领队或者境外导游未经旅游者签字确认，安排旅游者参加本合同约定以外的自费项目的，应当承担擅自安排的自费项目费用；擅自增加购物次数的，每次按旅游费用总额的10%向旅游者支付违约金。

组团社强迫或者变相强迫旅游者购物的，应当按旅游费用总额的20%向旅游者支付违约金。

4. 组团社违反合同约定在境外中止对旅游者提供住宿、用餐、交通等旅游服务的，应当负担旅游者在被中止旅游服务期间所订的同等级别的住宿、用餐、交通等必要费用，并向旅游者支付旅游费用总额30%的违约金。如果因此给旅游者造成其他人身、财产损害的，组团社还应当承担损害赔偿责任。

5. 组团社擅自将旅游者转至其他旅行社出团，旅游者在出发前得知的，有权解除合同，要求组团社全额退回已交旅游费用，并按旅游费用总额的10%支付违约金；旅游者在出发当日或者出发后得知的，组团社应当按旅游费用总额的20%支付违约金。

如上述违约金不足以赔偿旅游者的实际损失，组团社应当按实际损失对旅游者予以赔偿。

6. 与旅游者出现纠纷时，组团社应当采取积极措施防止损失扩大。否则，应当就扩大的损失承担责任。

（解读：第十五条较详细地规定了旅行社的违约责任。值得注意的是，对组团社擅自增加购物次数，强迫或者变相强迫旅游者购物，违反合同约定在境外中止对旅游者提供住宿、用餐、交通等旅游服务，擅自将旅游者转至其他旅行社出团等都规定了详细的违约金比例，能对组团社的行为进行有效约束，保护了旅游者的合法权益。）

第十六条　旅游者的违约责任

1. 旅游者出发前30日以内（含第30日）提出解除合同的，应当按下列标准向组团社支付业务损失费：

出发前30日至15日，按旅游费用总额5%；

出发前14日至7日，按旅游费用总额15%；

出发前6日至4日，按旅游费用总额70%；

出发前3日至1日，按旅游费用总额85%；

出发当日，按旅游费用总额90%。

如上述支付比例不足以赔偿组团社的实际损失，旅游者应当按实际损失对组团社予以赔偿，但最高额不得超过旅游费用总额。

组团社在扣除上述业务损失费后，应当在旅游者退团通知到达日起5个工作日内向旅游者退还剩余旅游费用。

2. 因不听从组团社及其领队的劝谕而影响团队行程，给组团社造成损失的，应当承担相应的赔偿责任。

3. 旅游者超出本合同约定的内容进行个人活动所造成的损失,由其自行承担。

4. 由于旅游者的故意或者过失,使旅行社遭受损害的,应由旅游者赔偿损失。

5. 与组团社出现纠纷时,旅游者应当采取积极措施防止损失扩大。否则,应当就扩大的损失承担责任。

(解读:团队成行前,旅游者因故取消行程的情况较为常见。我国旅游法规对这种情况下,旅游者如何承担违约责任未能作出规定。但如果缺乏违约责任的承担标准,将可能带来旷日持久的争执。第十六条对旅游者的违约责任做了详细规定,可有效避免事后争执。对比第十五条可以看出,旅行社违约取消出团和旅游者违约退团,双方担责的方式和比例是不同的。组团社违约须向旅游者支付违约金,比例是旅游费用总额的2% ~20%;旅游者违约须向组团社赔偿业务损失费,比例是旅游费用总额的5% ~90%。这个比例的确定是根据《合同法》第一百一十三条规定的"损失赔偿额应当相当于因违约所造成的损失"的原则和第一百一十四条规定的当事人"可以约定因违约产生的损失赔偿额的计算方法"而来。之所以用不同的担责方式和比例来约定双方违约责任,主要考虑到了以下几个因素:(1)旅行社取消出团导致旅游者不能成行的直接经济损失,相对于旅游者退团导致旅行社取消行程的直接经济损失要少;(2)根据旅行社经营出境游业务的特点,旅游者提出退团,旅行社作为中间商,将承担一定的经济损失,旅游者退团时间距出团日期越近,旅行社所承担的经济损失越大;(3)明确约定时间和比例,方便旅游者在约定的时间内拿到退款或赔偿款,避免长期争执和拖延。)

第十七条　其他责任

1. 因旅游者提供材料存在问题或者其他自身原因被有关机关拒签、缓签、拒绝入境、出境的,相关责任和费用由旅游者自行承担,组团社将未发生的费用退还旅游者。如给组团社造成损失的,旅游者还应当承担赔偿责任。

2. 由于第三方侵害等不可归责于组团社的原因导致旅游者人身、财产权益受到损害的,组团社不承担赔偿责任。但因组团社不履行协助义务致使旅游者人身、财产权益损失扩大的,应当就扩大的损失承担赔偿责任。

(解读:本合同共七个部分,上述六个部分是对出境组团旅游活动中双方当事人权利、义务、责任的约定,也是对合同"共性的约定"。下一个部分,即第七部分"协议条款"是双方当事人对旅游者情况、旅游内容安排、争议解决方式等具有专属性内容所作的约定,属于"个性的约定"。)

七、协议条款

第十八条　出发与结束日期

出发日期__________,结束日期__________;具体集合时间、地点及解散地点见《计划书》。

第十九条　旅游费用与支付

(旅游费用以人民币为计算单位)

成人:¥__________元/人;儿童(不满 12 岁的):¥__________元/人;

合计:¥__________元(其中签证/签注费用¥__________元/人)。

旅游费用支付的方式和时间:______________________________________。

第二十条　个人投保的旅游保险

旅游者__________(同意或者不同意,打钩无效)委托组团社办理个人投保的旅游保险。

保险产品名称:______________________________________。

保险金额:____________________。

保险费:__________。

(解读:此条明确了个人意外保险的推荐和选择。实践当中,有的旅游者弄不清旅行社责任险和个人意外保险的区别,以为旅行社投保了旅行社责任险,游客就无须投保个人意外保险。如果旅行社在这方面没解释清楚也易导致纠纷。因此,这一条规定对预防纠纷是必要的。)

第二十一条　成团人数与不成团安排

组团社最低成团人数:__________;组团低于此人数不能成团时,组团社应当在出发前__________日及时通知旅游者。

如不能成团,旅游者是否同意按下列方式解决:

1. __________(同意或者不同意,打钩无效)组团社延期出团。

2. __________(同意或者不同意,打钩无效)转__________旅行社出团。

第二十二条　黄金周的特别约定

春节、"五一"、"十一"黄金周旅游高峰期间,组团社和旅游者约定行前退团及取消出团的提前告知时间、相关责任如下:

提前告知时间	旅游者行前退团,旅游者应当支付组团社的业务损失费占旅游费用总额的百分比	组团社取消出团,组团社应当支付旅游者的违约金占旅游费用总额的百分比
出发前　日至　日		
出发前　日至　日		
出发前　日至　日		
出发前　日至　日		
出发前　日至　日		

（解读：第二十二条是针对黄金周这一特殊时期的特别约定。由于黄金周价格上涨，票源紧张，饭店床位紧张，旅行社往往要付出更高的代价确保出行票据和饭店床位。比如，为了确保团队的按时成行，应航空公司的要求，旅行社往往通过包机、包位或者预付机位定金等方式确保机位。由于团体价格优惠和定金罚则，组团社的以上付出可能无法退回。如果旅游者行前退团，组团社遭受的损失比平常有较大幅度增加。而且，黄金周期间旅行社客源充足，旅游者临时退团，可能使旅行社失去应有的市场机会。因此，这一条的设定既考虑到了旅行社的实际经营需要，又维护了双方的合法权益。）

第二十三条　争议的解决方式

本合同履行过程中发生争议，由双方协商解决；亦可向合同签订地的旅游质量监督管理所、消费者协会等有关部门或机构申请调解解决。协商或者调解不成的，按下列第______种方式解决：

1. 提交__________仲裁委员会仲裁；

2. 依法向人民法院起诉。

第二十四条　其他约定事项

未尽事宜，经旅游者和组团社双方协商一致，可列入补充条款。

（如合同空间不够，可附纸张贴于空白处，在连接处须双方盖章。）

____

____

____

____

（解读：第二十四条列出了“补充条款”，使得在其他条款中不能充分表明双方意愿的内容可以补充进来，作为合同的一部分，充分体现了《合同法》“当事人意思自治”的法理原则。）

旅游者代表签字（盖章）：	组团社签字（盖章）：
	签约代表：
电话：	电话：
传真：	传真：
地址：	地址：
邮编：	邮编：
电子信箱：	电子信箱：

签约日期：____年____月____日

签约地点：__________________

附件1:出境旅游报名表

旅游线路及编号＿＿＿＿＿＿＿＿　旅游者出团时间意向＿＿＿＿＿＿＿＿

姓名		性别		民族		出生日期	
年龄	(年龄低于18周岁,需要提交家长书面同意出行书。)						
身份证号码				联系电话			
身体状况	(须注明是否身体残疾,是否为妊娠中妇女,是否为精神疾病等健康受损情形,组团社在接受旅游者报名后在合理范围内给予特别关照,所需费用由双方协商确定。)						
旅游者全部同行人名单及分房要求(所列同行人均视为旅游者要求必须同时安排出团): ＿＿＿与＿＿＿同住,＿＿＿与＿＿＿同住,＿＿＿与＿＿＿同住, ＿＿＿与＿＿＿同住,＿＿＿与＿＿＿同住,＿＿＿与＿＿＿同住, ＿＿＿为单男/单女需要安排与他人同住,＿＿＿不占床位, ＿＿＿全程要求入住单间(应当补交房费差额)。							
其他补充约定: 旅游者确认签名(盖章):　　年　月　日							
以下各栏由组团社工作人员填写							
营业部名称				组团社经办人			

(解读:《出境旅游报名表》对旅游者参团的条件进行了约定。规定年龄低于18周岁的旅游者不随家长出游的,须提交家长书面同意其出游的说明书。《出境旅游报名表》中还要求旅游者填写"身体状况",一是组团社有必要了解旅游者的身体状况,以便提供必要的特殊服务;二是如果旅游者身体状况不适宜出游,但是不听劝阻硬要出游的,责任由当事旅游者承担。同时《出境旅游报名表》对同行人的分房要求和入住单间的要求进行约定,便于组团社操作,从而减少这方面的纠纷。)

附件2:带团号的《旅游行程计划说明书》

二、国内旅游合同示范文本

我国尚未制定统一的国内旅游合同示范文本,旅行社使用的示范文本由各省、市、自治区自行制定。下面,我们选取海南省旅游局、海南省工商行政管理局共同监制的《海南省国内旅游组团合同》,将其全文列出,供读者阅读参考。

海南省国内旅游组团合同

合同编号:__________

甲方(旅游者):__________

地址:__________ 联系电话:__________

乙方(组团旅行社名称):__________

旅行社经营许可证号码:__________

住所地:__________

法定代表人:__________ 联系电话:__________

特别条款:

本合同文本是根据《中华人民共和国合同法》、《海南省旅游条例》以及有关旅游的法律、法规、规章制度的国内旅游示范文本,供双方当事人约定采用。为明确双方的权利义务,规范旅游市场秩序,双方明确知悉并遵守下列事项:

一、甲方参加旅游应当选择依法取得《营业执照》和《旅行社业务经营许可证》的旅游企业,营业执照上的住所地与实际经营场所应当一致。

二、乙方应当与甲方签订书面旅游合同,提供的服务项目应当明码标价,收取旅游费应当出具海南省税务部门印制的发票。甲方有权要求乙方签订书面旅游合同,要求乙方对合同条款予以明确说明。在签订合同时,甲方应如实填写报名材料,使用有效的身份证件,有义务告知乙方自身健康状况并保证其身体健康状况适合本次旅游活动。

三、乙方明确提示:甲方报名参加旅游活动,自愿购买游客人身意外伤害保险。旅游中发生意外事故的,按游客人身意外伤害保险条款处理。

四、双方签订合同后,甲方本人不能参加旅游的,可以让具备参加本次旅游条件的第三人代为履行,并在旅游前通知乙方,因代为履行合同增加的费用,由甲方承担。甲方应当妥善保管好随身携带的财物,以免损坏或遗失。

五、当事人一方违约的,对方应当采取适当措施防止损失的扩大,没有采取适当措施致使损失扩大的,不得就扩大的损失要求赔偿,违约方承担因防止损失扩大而支出的合理费用。甲方认为乙方有违约行为,应当通过协商、投诉、起诉、仲裁等合法途径解决,不得以服务质量等问题为由,拒绝登机(船、车),拒绝入住酒店或者采取其他措施强迫乙方接受其要求。

六、甲方未按约定按时支付旅游费用,乙方有权中止提供相应的旅游服务。甲方未支付由乙方代订的飞机、火车、船客票费用,乙方有权拒绝提供相应的服务。

第一条　报名与退团

1. 乙方接受甲方报名时应当如实回答甲方的咨询，如实告知甲方有关旅游事宜，并签订旅游合同。甲方报名时须交纳总团费______%的预付款，余款在旅游前______天付清；逾期未付清的，按自动退团处理，预付款不退还。

2. 双方签订合同后出团前，甲方要求变更出团日期或更改行程，经乙方同意后，由此产生的损失和增加的额外费用，由甲方承担。双方另签订变更协议，明确变更的内容。

3. 乙方组团的旅游者人数不足______人时，甲方同意乙方可以与其他旅行社合并出团的，乙方应承担因合并出团所增加的费用；甲方不同意乙方与其他旅行社合并出团的，本合同终止履行，乙方应于本合同终止当日一次性退还甲方所交费用，并按本合同第七条第2款的规定向甲方支付违约金。

第二条　旅游行程表应列明以下内容

线路、时间、交通工具、景点安排、住宿标准、用餐次数及标准、购物和娱乐安排等内容。

第三条　旅游费用

包括1. 交通费；2. 餐饮费；3. 住宿费；4. 景点门票（各景点第一道门票）；5. 综合服务费；6. 其他________________。

第四条　收费标准

成人收全价________元/人，不满2周岁的，收________元/人，2周岁以上、不满12周岁儿童收________元/人，12周岁（含12周岁）以上按成人收费。

第五条　甲方的权利义务

1. 甲方有权要求乙方按合同约定的服务内容和标准提供服务，有权拒绝参加合同以外的自费旅游项目，有权拒绝交纳合同以外的其他费用。

2. 在旅游期间，甲方有权要求乙方及时改正所提供的不符合合同约定内容和标准的服务行为。

3. 在旅游期间，甲方应当遵守国家的法律法规，尊重当地的民族风俗，配合导游人员的工作，尊重导游人员的人格。

4. 在旅游期间，甲方合法权益受到侵害时，有权向有关部门投诉、向人民法院起诉或向海口仲裁委员会申请仲裁；在与乙方发生争议时，应当通过合法的途径解决争议。

第六条　乙方的权利义务

1. 乙方应当按照国家有关旅游的法律法规依法经营，按照与甲方合同约定的服务内容和标准提供服务。

2. 乙方保证所提供的服务质量标准符合国家旅游局《旅行社国内旅游服务质量》的规定，所提供的旅游产品符合人身安全保障，对可能发生的意外事故，应做出明确的警示并采取有效的防范措施。

3. 有义务协助甲方处理在旅游期间甲方与相关单位和个人发生的纠纷。

4. 不得与其他经营者串通或以欺诈、胁迫等方式诱导甲方消费，不得向甲方作虚假宣传，不得强制甲方消费，不得向甲方索要小费和财物。

第七条　违约责任

1. 甲方退团的违约金：甲方于出团前 7 天退团的，支付总团费的 30%；于出团前 6—4 天退团的，支付总团费 40%；于出团前 3—1 天退团的，支付总团费 50%；出团当天退团的，不退费用。飞机、火车、客船的退票按照承运人的规定办理。

2. 乙方取消组团计划，或者甲方不同意乙方与其他旅行社合并出团或另行安排出团时间的，本合同终止履行，乙方按以下约定向甲方支付违约金：出团前 7 天，支付已收团费 5%；出团前 6—4 天，支付已收团费 10%；出团前 3—1 天，支付已收团费 15%；出团当天，支付已收团费 20%。

3. 在旅游期间，甲方自动放弃已约定的旅游项目，所交费用不退；甲方擅自参加本合同约定以外的旅游活动，费用自理，责任自负；甲方擅自离团，双方的合同自动解除，未产生的旅游费不退。甲方离团后的一切行为和后果自负。

4. 乙方未达到合同约定的标准或有其他违约行为，造成甲方损失的，乙方应当承担违约赔偿责任，赔偿标准按照国家旅游局《旅行社质量保证金》标准赔偿，双方另有约定的除外；没有造成损失的，按合同总金额________% 向甲方支付违约金。

第八条　旅游安全责任

旅游期间，甲方乘坐交通工具、住宿、饮食、游览中，发生人身伤害或财产损失的意外事故，按照保险条款处理；其他经营者侵害甲方合法权益造成损害的，由侵权人承担赔偿责任。发生损害事故，乙方有过错的（经法定机构认可），乙方承担过错责任，双方都有过错的，根据各自的过错承担相应的民事责任。乙方按照旅行社责任保险条款负赔偿责任。

第九条　免责条款

1. 合同生效后，因不可抗力的原因，致使一方不能履行合同的，根据不同情况的影响程度，部分或全部免除另一方责任。不能履行合同的一方应当及时通知对方，并于事后提供书面证据，未及时通知对方的，应当承担违约责任。

2. 乙方为甲方代订的飞机、火车、客船票，因承运人的原因取消或延误，造成甲方损失的，由责任人承担，乙方不承担责任。因甲方自身原因造成误机（车、船）的，乙方不承担责任。

3. 在旅游期间，发生不可抗力因素导致旅游行程更改、延误、滞留或者提前结束的，乙方根据实际情况处理，未发生的费用乙方应退还甲方，增加的费用由甲方承担。乙方不承担违约责任。

第十条　争议解决

在履行合同期间,双方发生争议,可协商解决,或向有管辖权的旅游质量监督管理部门投诉,或向工商行政管理部门以及消费者协会投诉,申请调解。不愿协商或协商不能达成一致以及调解不成的,任何一方可按以下方式解决。

(1)向人民法院提起诉讼;

(2)向海口仲裁委员会申请仲裁。

第十一条　旅游咨询与投诉

1. 国家旅游局质量监督管理所:

地址:北京市建国门内大街甲9号,邮编:100740,电话:010-65201540。

2. 海南省旅游质量监督管理所:

地址:海口市海府路6号海旅大厦五楼,邮编:570102,电话:0898-65358451。

第十二条　本合同签订后,双方未尽事宜,可以签订补充协议,补充协议与本合同具有同等法律效力。

第十三条　甲乙双方根据合同约定确认的《旅游行程表》(填写海南省旅游局统一印制《海南省旅游行程表》)是本合同的附件,与本合同具有同等法律效力,乙方应严格执行《旅游行程表》的约定。

第十四条　本合同双方签字(盖章)生效,一式二份,具有同等法律效力。

第十五条　本合同由海南省旅游局、海南省工商行政管理局共同监制,由海南省旅游局负责解释。

甲方(签章)	乙方　　　(签章):
	法定代表人(签章):
	委托代理人(签章):
日期:___年___月___日	日期:___年___月___日

关键词汇

合同　旅游合同　要约　要约邀请　承诺　格式合同　旅游合同履行　旅游合同的变更　合同转让　违约责任　不可抗力　诉讼时效

经典案例

2006年8月,某公司想组织员工30人赴杭州旅游,时间为8月11日至15日。8月5日,该公司发送传真给杭州一家旅行社,告知旅游意图,并提出了旅游团在杭州的旅游行程安排、接待标准等的设想,还要求代订返程车票,请旅行社报价。

该旅行社当日以传真形式回复：同意该公司的旅游行程安排、接待标准，并提出了有关报价：每人的旅游费为500元，另外每人需要交20元代订车票的手续费，费用在旅游团到达杭州时全部交清。6日，该公司传真至旅行社，同意旅行社的报价，但不同意交20元代订车票的手续费，旅游费先交一半，另一半在旅游结束时再交。同日，旅行社传真回复，继续坚持每人交20元代订车票的手续费，团款到达杭州时一次付清。该公司未回复旅行社。10日，该公司再次传真至旅行社：因订票费太高，公司决定自行订票。团款先付一半，余款最后一日付清。旅游团已在路上，11日上午到达杭州，请旅行社安排好接待工作。旅行社立即传真回复：因确认时间太晚，旅行社无法接待。该公司收到旅行社传真后一方面自行联系车辆在杭州接站，另一方面向旅游质监部门反映情况。经旅游质监部门协调，旅行社同意接待，但因确认时间太晚，要求每人增加旅游期间的住宿费30元，返程票自理。该公司也同意一次性付清团款。

11日，旅游团到达了杭州。旅行社安排了接站，但该公司自行联系的接站车也来接站，公司为此又多支付了200元。15日，旅行社按要求完成了接待工作，将旅游团送上返程火车。

旅游团如期返回后，该公司遂向旅游质监部门投诉该旅行社，要求旅行社退赔1300元损失。理由是：在旅游团已出发情况下，旅行社擅自解除接待合同，拒绝接待旅游团，使旅游团陷入困境。随后，旅行社又乘人之危，要求增加住宿费。为了公司员工的利益，公司不得不答应了旅行社的额外条件，为此公司多支付了住宿费900元，租车费200元，另有往来电话费200元。这1300元的损失是旅行社造成的，理应由旅行社承担。

请问，本案中的旅行社与公司之间是否存在合同关系？本案中的损失应该由谁承担？

分析：合同的签订要经过要约和承诺两个阶段。通过分析公司与旅行社之间的传真往来我们发现，在10日旅游质监部门协调之前，还不存在真正的承诺阶段。根据规定，承诺的内容必须与要约的内容一致，但是，双方在两个关键性的问题（订票费和付款方式）上一直未能达成一致，因此，不可能构成实质承诺，也即合同并没有成立，当然也就不存在旅行社擅自解除接待合同的问题。

合同是在旅游质监部门协调之后才成立的。旅行社在准备时间匆忙的情况下提出的增加住宿费的要求，不应是“乘人之危”，且也已经过公司的同意，是双方协商一致的结果，应对当事人具有约束力。因此，公司多支付的900元住宿费是履行合同的行为，旅行社无须返还。至于其他损失，完全是公司方面造成的。公司在合同尚未达成之前，就匆忙组织员工出行，这才是造成损失的原因。

鉴于以上原因，该公司提出的赔偿要求没有根据，损失应由公司自己承担。

思考与训练

1. 旅游合同对预防旅游纠纷有何意义?

2. 旅游合同有哪些形式?

3. 什么样的旅游者可以独立签订旅游合同?

4. 举例说明旅游合同的签订过程。

5. 分析旅行社采用格式合同的利弊。

6. 旅游合同的生效有哪些条件?

7. 哪些情况可导致旅游合同的终止?

8. 合同履行中的免责事由有哪些?

9. 实践训练:举例说明合同条款约定不明时该如何处理。

10. 实践训练:某旅行社组织一个旅游团赴一风景区旅游,合同约定行程的最后一日是漂流。天有不测风云,在预定去漂流的前一天,风景区突降暴雨,导致山洪暴发,这时候去漂流将会非常危险。导游人员决定取消预定的漂流,并退还游客有关漂流的费用。但有的游客依然不理解,认为旅行社单方面改变了合同,是一种违约行为,应承担违约责任。你觉得旅行社的做法有道理吗?

11. 实践训练:某旅行社已向游客收取了团费,但旅游团尚未成行。当遇到下列情况时,旅行社可以增加团费吗?

(1)由于石油价格上涨,旅行社要求游客每人多交200元。

(2)由于民航总局下发文件,严禁机票乱打折,所以各航空公司的飞机票价都有上浮。旅行社只好加收团费弥补损失。

(3)由于黄金周期间车票价格上浮,旅行社成本增加,旅行社要求游客每人多交100元团费。

(提示:1. 油价波动是正常的经营风险,旅行社应该预见到这种风险,不能把这一风险随意转嫁给游客。2. 这属于国家政策性调整,旅行社有权调整收费标准,如果游客不同意多交费用,应取消出行,退还团费。3. 黄金周期间车票价格上浮是旅行社可预见的,旅行社事先在制定价格时就应考虑到这一情况,旅行社事后调价是一种违约行为。)

12. 讨论题:某旅行社在合同中拟定了下列条款:“甲方(旅游者)在旅途中购物及参加各种自费项目属个人行为,买卖自由,风险自担。由此发生的损失及纠纷,由甲方自行解决,乙方(旅行社)不负任何直接或连带责任。”请问,这是不是格式条款?旅行社的这一条款合理吗?

13. 讨论题:现在许多旅行社在推出旅游产品时,往往使用“某某五日游”、“某某七日游”字眼,但实际上是头一天晚上出发,最后一天清晨回来,总时间大大缩水。你觉得这是旅行社的聪明之处,还是旅行社不诚信的表现?如果你是旅行社的经营者,你会怎么办?

第五章 以规范的服务避免纠纷

本章导读

旅行社是服务性行业，注定了始终要与游客和其他旅游服务供应部门打交道。要避免纠纷，旅行社及其工作人员都应学会与人相处的技巧。这些技巧不外乎围绕两点：规范的服务和真诚的态度。本章从旅行社的规范化经营、导游人员形象的塑造、提供规范的导游服务、提高导游人员的应变能力等方面介绍旅行社及导游人员如何以规范的服务避免纠纷。

第一节 旅行社的规范化经营

在旅游活动中，旅行社与游客的信息是不对称的，相对而言，旅行社掌握了更多的旅游信息。作为一个组织，旅行社在力量对比上无疑也比单个的游客更具优势。正因为如此，旅行社掌握了大多数旅游纠纷的主动权。而要避免纠纷，旅行社毫无疑问也起着关键性的作用。其中，旅行社的规范化经营是避免大多数旅游纠纷的前提条件。

实践当中，旅行社严格遵守下列经营规范对避免旅游纠纷有着重要意义。

一、不超范围经营

我国对旅行社有着明确的分类，不同类型的旅行社其经营范围不同。旅行社应当严格按照核定的经营范围开展经营活动，不搞超范围经营。如，国际旅行社未经批准经营出国旅游业务、港澳台旅游业务和边境旅游业务以及国内旅行社经营国际旅行社业务等，都属于超范围经营。

旅行社超范围经营不仅无法保证游客的权益，带来旅游纠纷，还将受到严厉的处罚。根据《旅行社管理条例实施细则》，旅行社超出核定的经营范围开展旅游业务的，将被没收违法所得；如不及时改正，将处以 15 天至 30 天停业整顿，还可能并处人民币 5000 元以上 2 万元以下的罚款；如果情节严重，还可能被吊销许可证。

[小资料]

我国旅行社的经营范围

国际旅行社的经营范围包括：(1) 招徕外国旅游者来中国，华侨与香港、澳门、台湾同胞回内地旅游，为其代理交通、游览、住宿、饮食、购物、娱乐事务及提供导游、行李等相关服务,并接受旅游者委托,为旅游者代办入境手续;(2)招徕我国旅游者在国内旅游,为其代理交通、游览、住宿、饮食、购物、娱乐事务及提供导游、行李等相关服务;(3)经国家旅游局批准,组织中华人民共和国境内居民到外国和香港、澳门、台湾地区旅游,为其安排领队、委托接待及行李等相关服务,并接受旅游者委托,为旅游者代办出境及签证手续;(4)经国家旅游局批准,组织中华人民共和国境内居民到规定的与我国接壤国家的边境地区旅游,为其安排领队、委托接待及行李等相关服务,并接受旅游者委托,为旅游者代办出境及签证手续;(5)其他经国家旅游局规定的旅游业务。

国内旅行社是指专门经营国内旅游业务的旅行社,其经营范围包括:(1)招徕我国旅游者在国内旅游,为其代理交通、游览、住宿、饮食、购物、娱乐事务及提供导游等相关服务;(2)为我国旅游者代购、代订国内交通客票,提供行李服务;(3)其他经国家旅游局规定的与国内旅游有关的业务。

二、聘用合格的导游和领队

这里的"合格"有两层含义:一是拥有证书。旅行社为接待旅游者聘用的导游和为组织旅游者出境旅游聘用的领队,应当持有省、自治区、直辖市以上人民政府旅游行政管理部门颁发的资格证书。二是在职业道德和业务能力上合格。

导游和领队直接与游客打交道,既是旅行社的形象代表,也是旅行社经营业务的实际执行者,导游和领队的一举一动直接影响着游客对旅游服务的满意度,也直接影响着旅游纠纷的产生和消除。

三、诚实守信

在经营过程中,旅行社应向旅游者提供真实可靠的旅游服务信息,如实宣传旅游产品,不无中生有,不夸大其词。要知道,任何虚伪的承诺总有一天要被揭穿,届时不仅会带来纠纷,旅行社还可能要承担法律责任。有的旅行社喜欢在产品宣传时使用模糊用语,其实这极易损害旅行社的形象,而且,这些模糊用语本身就是旅游纠纷的导火线。

四、正当竞争

作为一个企业,旅行社有自己的合作伙伴,也有竞争对手。旅行社应与这些企业平等相处,正当竞争。不得采用下列不正当竞争手段:假冒其他旅行社的商标;擅自使用其他旅行社的名称;与其他旅行社串通定价或者以低于正常成本价的价格参与竞销;制造和散布有损其他旅行社的企业形象和商业信誉的虚假信息等。上述不正当竞争手段不仅会损害旅行社的形象,还会激化旅行社与其他旅行社以及与游客间的矛盾,引发纠纷。

[小思考]

现在有的旅行社推出了“零团费”、“负团费”的旅游产品,你如何评价这一现象?“零团费”、“负团费”与旅游纠纷之间是否存在联系?

(提示:旅行社推出“零团费”“负团费”的旅游产品,实际上是以低于正常成本价的价格参与竞销的行为,是不符合我国的有关规定的。这一行为不仅会扰乱旅行社间的正常竞争秩序,还会降低旅游服务质量,引起旅游者的不满。与“零团费”“负团费”相伴而来的往往是减少旅游景点、降低服务标准、增加自费项目、增加购物安排等,这正是许多旅游纠纷产生的根源。)

不正当的有奖销售行为也是一种不正当竞争行为,这种行为也是旅行社应该避免的,但经常被旅行社忽视。根据我国《反不正当竞争法》第十三条的规定,经营者不得从事下列有奖销售:(1)采用谎称有奖或者故意让内定人员中奖的欺骗方式进行有奖销售;(2)利用有奖销售的手段推销质次价高的商品;(3)抽奖式的有奖销售,最高奖的金额超过5000元。

[小思考]

某国内旅行社为了扩大业务量,在电视台做了一期带有广告宣传性质的节目,对该旅行社承办的国际、国内旅游线路以及旅游目的地的旅游景观作了介绍。同时,该旅行社声称每月从当月参加旅游的游客当中抽出两名幸运游客,退还全部费用。节目播出后,该旅行社游客大增。后经查实,该旅行社3个月内组织了5批游客赴泰国旅游,3个月内抽奖3次,只有一人退还了费用,这个人还是旅行社经理的亲戚。

请问,该旅行社存在哪些违规的经营行为?

(提示:1. 存在超范围经营;2. 进行了虚假的广告宣传;3. 采用谎称有奖或者故意让内定人员中奖的欺骗方式进行有奖销售。)

五、签订业务合同

签订旅游合同不仅是我国旅游法规对旅行社的要求,同时也是旅行社维护自身权益、避免旅游纠纷的重要手段。旅行社应自觉提高合同意识,通过合同规范交易行为、减少纠纷、提高服务质量。

六、按约定提供服务

提供旅游服务是旅行社最主要的义务,也是旅游纠纷最容易产生的地方。旅行社提供的服务应符合合同的约定。在合同没有约定或约定不明时,旅行社提供的服务不得低于国家标准或行业标准。旅行社如果能真正做到按约定提供服务,旅游纠纷就不太容易产生,即使产生了旅游纠纷,旅行社也能掌握解决纠纷的主动权。

[小思考]

刘某等20名游客参加了某旅行社组织的泰山旅游。因为恰逢黄金周,景点人满为患,该旅行社安排的旅游活动在吃、住、游等方面都不尽如人意。为表示对游客的歉意和补偿,该旅行社在征得旅游团全体成员书面同意的情况下,免费为游客增加了游览济南的趵突泉的项目。游览结束后,刘某称自己早就游览过趵突泉,增加的景点对自己毫无意义,要求旅行社退还他一部分费用。你觉得刘某的要求合理吗?

(提示:旅行社起初是存在一定的违约,但事后旅行社采取了“免费加点”作为补偿措施,并取得游客的书面同意,应视为旅行社和游客间签订了一个新合同,对当事人双方都有约束力,刘某当时也是签了字的,自然对他也有约束力。因此,刘某的要求不合理。)

七、按约定收取费用

旅行社有收取服务费的权利,这个费用应该是事先约定的,旅行社不能乱收费。在旅游途中增加任何需要另外收费的项目,旅行社都应事先征得旅游者的同意,并争取先把费用收齐,否则很容易带来纠纷。

[小思考]

小李是重庆一家旅行社的新导游人员,在接待一个旅游团的时候,她给游客安排了一次非常有特色的风味餐。游客吃得很高兴,小李也对自己的安排感到满意。按规定,这一风味餐应是游客自费的,但由于小李缺乏经验,她事先没有向游客讲明这一点,更没有事先就把费用收齐。当她开始向游客收取这笔费用时,果真遇到了麻烦,游客无人愿意支付这笔费用,纷纷指责她事先不讲清楚。小李收不上钱来,又和游客解释不通,眼看着自己要赔钱,左右为难。

这一案例给我们什么启示?

(提示:旅行社的收费应是事先约定的。旅游途中的额外收费必须事先让游客知道,否则就可能导致纠纷。本案例中的导游人员显然是工作失误,最好的解决办法是承认错误、诚恳道歉,并尽量做通游客的工作,最大限度地减少损失。)

八、保障旅游者的人身、财产安全

安全是旅游的前提。作为旅游活动的组织者,旅行社有义务保障旅游者的人身、财产安全,否则,不仅要带来旅游纠纷,旅行社可能还要承担法律责任。为此,旅行社至少应做到如下几点:(1)避免向游客推出不成熟的、危险的旅游线路;(2)旅途中保持高度警觉,时刻警惕危险的发生;(3)给游客必要的警示和说明;(4)采取切实可行的防止危险发生的措施。

[小思考]

何先生参加了某旅行社组织的香港游。在游览期间,地接社安排了一辆旅游包车,一个小偷混上旅游车,将何先生放于行李架上的背包偷走。何先生要求旅行社承担赔偿责任,旅行社应该赔吗?

(提示:旅游包车中混入了小偷,这是导游员的失职。何先生的包被盗,旅行社应该承担责任。)

第二节　树立导游人员的良好形象

导游人员,是指取得导游证,接受旅行社委派,为旅游者提供向导、讲解及相关旅游服务的人员。在旅行社所有工作人员中,导游人员与游客接触最多,其提供的服务贯穿于旅游活动的全过程,内容涉及旅游者的吃、住、行、游、购、娱等多个方面。在旅游接待服务中,导游服务处于核心和纽带地位,对旅行社的业务接待质量起着至关重要的作用。因此,做好导游服务工作对预防和减少纠纷有着重要的意义。而塑造良好的导游人员形象是做好导游服务工作的重要组成部分。

一、导游人员形象塑造对预防旅游纠纷的意义

在带团过程中,导游人员应善于在旅游者中为自己塑造一个良好的形象。这一点,对导游人员自己、对旅行社、对广大游客都非常重要。导游人员形象的塑造是多方面的,主要包括职业道德、知识水平、礼貌礼仪等。一个具有良好的职业道德、丰富的知识、懂礼仪善交往的导游人员肯定能受到游客的欢迎、赢得游客的好感,从而提高游客对导游人员的信任程度,缩短旅游者与导游人员之间的心理距离,从而有助于导游人员顺利完成导游任务,并减少纠纷发生的几率。同时,导游人员良好的形象本身就能消除很多纠纷产生的根源。生活中太多的纠纷是因小事而起,由小而大以至不可收拾。旅游纠纷有很多也是从不起眼的小事演变或累积起来的,导游人员注重自己的形象塑造,严格要求自己,可有效消除引发纠纷的因素。

二、导游人员应具备良好的职业道德

道德是人们共同生活及行为的准则和规范,而职业道德是人们在职业活动中要遵守的行为规范的总和。每一种职业都有其职业道德,比如我们说医生要有医德,教师要有师德,文艺工作者要有艺德等。导游员也有适合于导游职业特点的职业道德。导游员要树立良好的自身形象,首要的一点是要培养良好的职业道德。概括说来,导游员的职业道德主要有以下几条。

(一)爱国爱企,自尊自强

导游员在沿途讲解的过程中,应有意增强讲解的思想性,增强文化内涵,体现爱祖国、爱人民、爱家乡的美好情感,维护国家和民族的尊严。导游员也应该具有自强

不息的精神，勇于开拓，不断进取，树立崇高的职业理想，把自己的工作作为向国内外旅游者展示祖国大好河山、介绍我国悠久历史文化、宣传我国良好形象的重要窗口。

（二）立足本职，敬业爱岗

导游服务工作复杂而辛苦，尤其是其“重复性”服务的特点容易带来职业倦怠，很容易影响服务热情而引发纠纷。这要求导游员热爱本职工作，乐于为广大旅游者服务，以做好本职工作作为人生的乐趣，有一种职业幸福感和荣誉感。只有这样，导游员才能适应导游工作的复杂性、繁重性、重复性和严格性。

[小资料]

导游人员如何克服“重复性”劳动带来的职业倦怠

导游工作的特点之一是“重复性”服务。一个景点，对游客是全新的，但对导游人员来说，可能已讲解了无数遍了，这很容易带来职业倦怠，出现诸如讲解缺乏激情、言语乏味、对游客的提问缺乏耐心等情形，导游人员出现这些情况很容易被游客投诉。导游人员要有效地克服职业倦怠，最重要的是要敬业爱岗。一位不热爱自己工作的导游人员，面对重复性服务，的确很容易心生倦意，因而也很难成为一个受人欢迎的优秀导游人员。对导游职业的热爱也是可以培养的，关键是要善于发现这一职业中的美感，同时要善于学习，提高服务技能，获得成就感，而成就感多了，对职业的热爱也就多了。此外，导游人员还可从以下几方面努力，克服职业倦怠：(1)热爱自己的家乡。一位对家乡充满热爱的导游人员在介绍自己的家乡时肯定会充满激情，语言也就自然会变得精彩。(2)换位思考。导游人员可设想自己就是游客，站在游客的角度来考虑问题，以负责任的态度完成每次讲解。(3)加强学习，不断提高。导游人员不能满足现有的对景点的那点了解，而要不断学习，不断获取关于景点的新知识。同时，导游人员不能简单地重复每一次讲解，而应不断创新，让导游词越讲越精彩，越讲越吸引人。(4)总结经验，争取做一名学者型导游人员。从事导游的职业久了，经验积累多了，导游人员可以考虑对这些经验进行适当总结，最好能结集出版。这既有利于自身业务水平的提高，也有利于新导游人员的进步。导游人员如果带着这样的目标工作，就会经常思考工作的得失成败，职业倦怠自然也就不易产生。

（三）热情友好，宾客至上

对旅游服务业来说，热情友好、宾客至上是一项基本道德规范。游客是旅游服务行业存在和发展的基本保证，导游员在接待过程中，应做到微笑服务，热情服务，周到服务。把宾客放在首位，一切为宾客着想，努力满足宾客合理、正当的要求，克服冷淡、粗暴、懒散等违反旅游职业道德的不良行为。

（四）遵纪守法，克勤克俭

由于旅游活动接触面广、流动性大、享受性强、消费档次高，加上导游员工作的独立性强，经常要经手大量钱物，因此，在实际工作当中，导游人员面临着各种各样的诱惑。在这样的环境下，导游人员更应培养遵纪守法的意识及克勤克俭的生活作风，这不仅是塑造导游人员形象的重要内容，同时也是衡量一个导游人员是否合格的重要标准。作为导游人员，应树立高度的法纪观念，自觉遵守国家的法律、法令，遵守旅游行业的规章，严格执行导游服务质量标准，自觉抵制拿回扣、索要小费、套汇逃汇、索取礼品等不正之风。

(五)公平守信，真诚善良

首先，导游人员应做到公平。导游人员面对众多的游客，有的显得友好，有的可能爱"挑刺"，有的和你谈得来，有的和你谈不来，但无论对谁，导游人员都应当做到一视同仁，绝对不能让游客有"厚此薄彼"的感觉。比如，导游人员只记住了重要游客的姓名，只对部分游客微笑，只和部分游客说话等，这都是不公平的表现。公平的另一个表现是，游客提出的任何一个要求，无论合理还是不合理，导游人员都应当"一视同仁"地予以重视，对一切合理、合法的要求，导游人员应尽量满足；对无法满足或不能予以满足的"不合理"、"不合法"的要求，导游人员也应细致地说明或提出好的建议，绝对不能简单地挡回，甚至冷语相向。否则，也易产生纠纷。

[小思考]

一位导游员曾接待过一个旅游团，这个旅游团里有几位大学教授，而这个大学是导游人员曾就读过的大学。在几天的行程当中，导游人员与这几位教授无话不谈。行程结束前，导游人员征求大家对他工作的意见，大家都从不同的角度称赞了一番。在车站握别时，一位游客小声对他说："其实我早想给您提意见，但我没有说。现在我要说，您的缺点是太喜欢教授了！"

请问，这位导游人员的经历给我们提供了什么教训？

其次，导游人员要做到守信。游客参加旅游团，主要是为了欣赏当地的名胜古迹、了解当地的风土人情，导游人员应该严格遵守合同的规定，认真履行合同，将当地最真实、最有价值、最美的一面展示给游客。不欺骗刁难游客，不降低服务水平和食宿标准。在旅途中，导游人员还应做到言而有信，说到做到，不讲空话。对旅游者的要求，能做到的就一定做到，不能做到的就不要答应下来。

再次，导游人员应该是一个真诚善良的人。真诚善良是人与人交往的基本准则，导游人员与游客打交道，自然应做到真诚与善良。导游人员的服务是否真诚，导游人员为人是否善良，游客很容易就能感觉到。一位真诚善良的导游人员，很容易打动游客、吸引游客，即使工作中有些失误，也容易得到游客的谅解。

(六)团结友爱，相互协作

旅行社或导游人员要想完成自己的工作，必须与相关行业或企业密切协作，否则寸步难行。由于导游人员在整个旅游接待中处于核心地位，发挥着主导作用，因此，导游人员更应当发挥团结友爱的精神，正确处理同事之间、部门之间、企业之间、行业之间的关系，尊重他人的劳动，不盛气凌人，也不动辄训人，这样才能处理好与工作伙伴的关系，减少工作中的纠纷。

三、导游员应具备丰富的知识

具有丰富的知识是一个导游人员最起码的条件之一。旅游产品本身具有的复杂性、导游工作内容的繁杂性、导游服务对象的差异性、游客对导游人员的高度依赖性等每一项都要求导游人员有丰富的知识。一个一问三不知或者不懂装懂、经常闹笑话的导游人员不仅不被游客认可，甚至可能会引发纠纷。

［案例］

西安一家旅行社接待了一个教师团。由于正处旅游旺季，旅行社导游人员不够，临时让一财务人员（有导游证）带这个团。导游人员刚与游客接触就出师不利，在介绍陕西和西安概况时出现了几个错误，被游客当场指出。这下子导游人员更紧张了，说话开始结巴。一位地理老师干脆接过话筒自己来介绍西安市，这更使得游客们认为导游人员知识不够。游客中有人打电话向旅行社表达不满，旅行社只好换了一个导游人员。

导游人员的知识结构至少应涵盖如下几个方面：语言知识、历史文化知识、地理知识、旅游学知识、法律知识、旅游客源地和旅游目的地知识、生活常识、心理学知识、美学知识等。导游人员要掌握上述知识，成为一个博学的人，只有一条途径：加强学习，做一个勤奋好学的人。

(1)从书本中学习。书本上的知识系统而集中，在较短的时间内，导游人员可从书本中获得大量有益的知识。现在很多导游人员都毕业于旅游院校，较系统地学习了导游专业知识，这对导游服务工作是非常有利的。

(2)善于从实践中学习。导游工作是一项非常依赖实践经验的工作，经验越丰富，工作就有可能做得更好。导游人员应善于从实际工作中学习，不耻下问，使自己不断获得知识积累。但实践经验显得零散，这要求导游人员能经常进行总结，巩固已有的知识，发现自身的不足。

(3)虚心向同行请教。在导游接待服务中，导游人员们都积累了丰富的知识，各有各的心得，如果大家能多交流，多沟通，对提高各自的知识素养，获得实用的工作经验都是非常有益的。平时，导游人员要主动向同行求教，旅行社也应经常安排大家交流经验，取长补短。

(4)善于利用零散时间，从点点滴滴中积累知识。导游人员走南闯北，居无定所，很难进行系统性、集中性学习。但导游人员有很多零散时间（车上的时间、等待的时间等），聪明的导游人员可利用这些时间给自己补补课，进行知识积累。导游员可以随手准备一个笔记本，这有几个好处：可随时将旅途中的心得和有价值的信息记下来；讲解中一些数据性、概念性、程序性的知识很难一下记全、记准，又不能随身携带大量参考书，这时导游人员可把这些记不住、记不全、记住后又容易忘记的东西事先记在本子上，有空拿出来翻阅；经长时间的积累，这些笔记本既可作为导游人员工作历程的纪念，又可作为导游人员宝贵的资料库。

[小资料]

导游人员跟人打交道，掌握一定的心理学知识，对导游接待工作是非常有利的。下面列举了不同类型旅游者的特征和导游人员的接待方法，供参考：

旅游者类型	特征	接待方法
稳重型旅游者	追求旅游的意境与品位，喜欢思考，举止沉稳，话语不多但有分量。	讲解时把握科学性、知识性，适当增加历史知识和文学知识的分量。态度诚恳，语言优美，不矫揉造作。
活泼型旅游者	生性乐观、开朗，喜欢集体活动和参与性强的项目，偏爱风光优美、风格欢快的旅游景点。	增强讲解的趣味性、生动性，多讲故事和传说，少说理论和观点。态度应亲切自然，平易近人。
忧郁型旅游者	看重个人感受，不太依赖导游讲解；喜欢静静欣赏景点，不喜欢评价议论；重视细节。	导游员讲解应突出细节，但不可过于烦琐。注重与他们的感情交流，但不要过多干扰他们的活动。
急躁型旅游者	偏爱快节奏，好动不好静，好观赏不好思索，好独自活动不好集体游览。	善于抓住他们的兴趣点，加快游览节奏。密切注意他们的动向，及时消除他们的急躁情绪。

四、导游人员应有的礼貌礼仪

礼仪是人们在社会活动中所共同遵守的礼节、仪式，即必须严格遵守的一种礼貌行为规范的法则。礼貌是向他人表示敬意的统称，是人与人之间在交往过程中相互表示敬重和友好的行为规范。我国是一个文明古国，有“礼仪之邦”的美誉，向来重视人的礼貌礼仪。

（一）礼貌礼仪对导游的重要性

旅游活动是一种具有广泛文化性的以审美为特征的活动。导游人员从事的是旅游接待工作，面对的是来自世界各地、全国各地的游客，日常的礼貌礼仪非常重要。旅途当中，游客不仅在观察自然的美和文化的美，同时也在审视着导游人员的礼貌和礼仪。一位待人热情、举止端庄、衣着整洁、仪表文雅、谈吐文明的导游人员必然会深受游客的尊重和欢迎，而一位举止粗俗的导游人员必将引起游客的反感，影响游客对行程的满意度。很多情况下，导游人员不文明、不礼貌的行为还会直接引发矛盾纠纷。

（二）礼貌礼仪的培养

1. 掌握礼貌礼仪的精髓

礼貌礼仪的规范非常多，将它们一条条地孤立起来记忆不仅没必要，效果也不好。但如果我们掌握了礼貌礼仪的精髓，不仅有助于记忆，还可举一反三，融会贯通，起到事半功倍的效果。礼貌礼仪的规范基本上都遵循下面一些原则：(1)自律原则，即礼貌礼仪规范基本上都是对自我的约束。(2)从俗原则，即礼貌礼仪要充分考虑对方的需要，以尊重他人为核心。(3)适度原则，即要把握分寸，适度得体，既不盛气凌人，也不妄自菲薄。(4)平等原则，给予交往对象以同等待遇，不厚此薄彼，不以貌取人，不以财取人。(5)宽容原则，对他人不同于己、不同于众的行为，要多体谅，不可求全责备，过于苛求。

2. 长期努力，循序渐进

学好礼貌礼仪并能在生活中应用并非一朝一夕之功，需要长期的努力。不仅从书本中学，还应在日常生活中学，勤于观察，细心领会，认真总结。学好礼貌礼仪还应循序渐进。从与自己生活最密切的环节开始，从自己的岗位做起，然后再推而广之，这样做更容易出成效。

3. 注意自我检查

学习礼貌礼仪要经常反躬自省，以便及时发现自身的缺点和不足，有针对性地进行学习，抑制和纠正不良习惯，保持和发扬好的习惯。

4. 恰当把握礼仪的"度"

在交往过程中，要恰当地把握礼貌礼仪的"度"，具体表现在以下两方面：(1)避免过于礼貌。礼貌礼仪只是人们交往的辅助手段，而不是交往本身。因此要避免过于注重礼节，以免让人感觉太虚伪；更不能只重视礼节，而忽视相互间的情感交流。另外，外在礼仪表现应与自身实际修养相符，以免让人觉得做作。(2)避免生搬硬套。礼貌礼仪的运用要根据实际情况的变化而变化，不能生搬硬套。一般来说，礼仪应入乡随俗。而且，礼仪的应用与交往对象的身份及相互间关系的密切程度相关：对方身份越高，礼仪越讲究；关系越密切，礼仪越简单。礼仪的应用也与场合有关，正式场合礼仪更规范，非正式场合礼仪更简洁。

[小资料]

导游员的交谈礼节

说话时的礼貌：(1)语速适中，不快不慢，应给对方以品味和思考的时间。语调应柔和、悦耳，做到轻重适宜，高低有度，快慢有节。对老年人谈话应放慢语速，加大声音；对年幼者谈话应语调柔和。(2)不光谈自己，不自吹自擂，不抱怨不断，不喋喋不休。(3)注意对方反应。当发现对方对自己的话可能没有理解时，应采取补救措施。当发现对方对自己的话不理不睬或避而不答时，应该打住或转移话题。(4)与对方平等相待，尊重他人，不打官腔，不以言辞压人。(5)不冷落在场的每一个人。要不时地与在场的其他人交谈，或以目光交流。在人多的场合不与少数人窃窃私语。"您好""请""谢谢""对不起""再见"这10个字是日常生活中用得最广泛的礼貌用语，也是服务行业中使用频率非常高的服务用语。作为导游，应有意识地使用这些用语,使自己更加有礼貌。

听人说话时的礼貌:(1)专注有礼。要目视对方,或赞许性点头,表示你在认真倾听。不可左顾右盼、看书看报、伸懒腰、打哈欠、脚打拍子,切忌看表。(2)不轻易打断他人说话。非打断不可时,也应事先礼貌地说明。(3)适时反应。听人说话时可通过表情、手势、声音等表示你听清了或表示你赞同他的话,不能毫无反应。

交谈内容:(1)不谈个人隐私。不问客人的简历、工资收入、家庭财产和个人生活方面的事情,尤其不打听女客人的年龄、婚姻状况。在国际交往中,下列问题均可能被视为个人隐私:收入支出、年龄大小、恋爱婚姻、健康状况、家庭住址、个人经历、信仰政见等。(2)不议论对方的伤心事或缺陷,应找些积极、轻松、愉快的话题,但注意"莫对失意人说得意事"。(3)不宜讨论第三人。

交谈距离:双方关系越密切,交谈距离越短,一般来说,导游应与游客保持50厘米以上的距离。

第三节　提供规范的导游服务

一、导游人员提供规范化服务的意义

导游人员提供的服务应该符合导游的服务规范。导游服务规范主要依据的是《导游人员管理条例》、《导游人员管理实施办法》、《出境旅游领队人员管理办法》、《导游服务质量》(GB/T 15971—1995)等。提供规范化导游服务不仅是导游员自身的责任,还是导游员应努力实现的目标。这是因为,导游员服务规范是长期的导游服务实践经验的结晶,具有较高的科学性和合理性,导游人员遵循这些规范行事能有效地提高服务质量,预防旅游纠纷的发生。

二、地陪服务中应注意的规范

地陪的全称是地方陪同导游人员,指的是受接待社委派,代表接待社实施接待计划,为旅游团(者)提供当地旅游活动安排、讲解或翻译等服务的导游人员。地陪服务是确保旅游团(者)在当地参观游览活动顺利,并充分了解和感受参观游览对象的重要因素之一。因此,要预防旅游纠纷,地陪服务状况是非常重要的一环。下列工作是地陪为避免旅游纠纷而必须做好的。

(一)做好接待准备工作

做好接待的准备工作,是地陪提供良好服务的重要前提。必要的准备工作可以帮助地陪有计划、有步骤地开展各项服务工作,做事得体,处变不惊,保证服务质

量,避免游客投诉。这些准备工作中最重要的有两项。

1. 了解相关情况

地陪应事先对接待通知单进行认真分析、研究,有条件的话,还应将所要接待的旅游团的外联函件找来看一看,做到心中有数。只有这样,才能因团、因人而异地提供有针对性的服务,确保服务质量。

[小资料]

地陪主要应弄清下面一些情况:

(1)组团社名称、组团社联系人姓名及联系方式、全陪姓名及联系方式。

(2)旅游团名称、代号、旅游团国别及使用语言、收费标准(豪华等、标准等、经济等)、领队姓名。

(3)旅游团成员基本情况,包括:团队人数(单男单女、夫妇)、年龄(最大、最小及平均年龄)、姓名、职业、宗教信仰等;如果旅游团中有小孩,还应了解小孩是否收费、收费标准如何。

(4)旅游团来访目的、全程旅游线路、入出境地点。

(5)所乘交通工具情况:抵、离本地时所乘交通工具的班次、时间和乘坐地点。

(6)交通票据情况:下一站的交通票据是否办妥、有无返程票、有无国内段国际机票、出境票是OK票还是OPEN票。

(7)特殊要求和禁忌:该团在参观、游览、住房、饮食、用车等方面有无特殊要求。如是否要求单间、是否有饮食禁忌等;该团是否要求有关方面负责人出面迎送、会见、宴请等;该团是否有老弱病残等需要特别照顾的客人;该团有没有在需要办理旅行证的地方进行的参观游览项目。

2. 准备相关物品

即准备好导游时需要的一些物品。主要包括:接待通知单、导游证、身份证、导游胸卡、导游旗、接站牌、游客意见反馈表、手提扩音器、记事本、返程车票、饭店出入证、导游图、结算单、支票、入场券等。

3. 落实好各项接待事宜

旅游接待涉及众多人和事。由于工作紧张、个人琐事、对业务不熟悉或个人责任心不强,接待中的差错时有出现。作为地陪,不能期望所有的人都能做到准确无误,因此,在旅游团抵达的前一天,地陪对交通、食宿等事宜再进行一次确认是很有必要的。这一工作可以最大限度地减少工作中的失误,从而使地陪的工作更为主动。即使出现失误,也较易于补救。

[小资料]

地陪主要应落实的接待事宜包括:(1)落实车辆,包括车型、车号、座位数、有无空调及扩音设备等,与司机取得联系,落实接头时间、地点。(2)落实饭店,包括客人所住房间的数目、级别、楼层、房间号码、房内设施。(3)落实用餐,包括团号、人数、餐饮标准、日期、特殊要求等。(4)掌握不熟悉的景点的情况,如景点开放时间、最佳行车路线和游览路线、游览方式、厕所位置、休息场所、停车场位置、注意事项等。

(二)做好接站工作

1. 提前抵达接站地点

地陪和司机应提前30分钟到达接站地点。到达后,地陪应确认旅游车停放处并向司机介绍该团的日程安排,然后持导游旗或接站牌在出口处的醒目位置迎候旅游团。

2. 避免接错

旅游团出站后,地陪应凭借自己敏锐的判断力,根据团队人数、旅游团特征(如团员籍贯或国籍、男女人数、职业)、组团社的徽记等作初步判断,然后主动上前联系,并与全陪或领队接头,问清旅游团的客源地、团名团号、大致旅游线路、全陪或领队的姓名等。这些工作,是避免接错团的必经程序,地陪必须做好做细。

3. 核实、清点人数

接到旅游团后,地陪必须与全陪或领队核实旅游团人数。客人都上车后,还要清点人数。如果所接团的实际人数与计划人数不符,地陪要及时通知旅行社并向饭店退掉多余房间或增订房间,并调整接待方案。

4. 致欢迎词做好首次沿途导游

这是一场演出的序幕,是地陪整个接待服务的开场白。致好欢迎词、做好首次沿途导游不仅能很好地调动游客的情绪,而且能很快消除导游人员与游客之间初次见面的拘谨与陌生,迅速建立起主客双方良好的合作关系,并给游客留下深刻而美好的印象,为导游服务工作打下良好基础。

(三)安排好游客住宿

在全陪或领队安排房间、分发房卡(或房间钥匙)时,地陪应将饭店的情况再作一次有针对性的介绍,如餐厅、健身娱乐设施、商品部、外币兑换处、公共洗手间的位置,房间电话的使用,房间内免费用品和需要付费的消费品,饭店提供的一些特殊服务项目等,并注意提醒游客将贵重物品存放总服务台。介绍饭店的情况并不是可有可无的工作,导游稍有疏忽,可能就要带来纠纷。

[案例]

导游人员小陈曾经带过一个教师团,成员都是某一个县的优秀教师,其中很多人是头一次出门旅游。第二天游客退房,上了旅游车,这时饭店一位工作人员找到小陈,说有几间游客住过的房间少了毛巾,估计是游客带走了,按规定,带走这些东西要照价付费。小陈根本就不信这些优秀教师会带走饭店的毛巾,而且怎么会同时少毛巾而不是别的什么东西,肯定是饭店服务员忘记在这几间房放毛巾了。饭店经理见小陈如此肯定地这么认为,也就没说什么,小陈见纠纷就这么解决了,很是高兴，回到车上就和游客讲这么一个插曲，谁知马上有几位游客站起来，说他们以为饭店的毛巾是一次性的，可以带走，所以就带走了。毛巾最终还给了饭店，但弄得小陈很不好意思。

在这一个案例中，很多游客是头一次住饭店，对饭店的情况不是很了解，导游应细心地解释。本案例中的小陈就是因为这方面的工作没有做好，才导致出现了这一误会。

（四）带领游客用好第一餐

在旅游者进入房间前，地陪应介绍店内就餐的地点、时间、就餐形式及有关事项（如自助餐的用法、酒水是否自费等）。旅游者用第一餐时，地陪应在餐厅所处的楼面电梯旁等候旅游者并带客人进入餐厅用餐。要将领队介绍给餐厅领班或主管等有关人员，并将团队用餐的要求、用餐标准、旅游者忌食、口味等情况介绍给相关人员。

用餐过程中，地陪要巡视旅游团用餐情况，解答旅游者在用餐中提出的问题，监督餐厅是否按订餐标准提供服务。

地陪一般应当着旅游团全体游客的面宣布当日或次日的行程安排，如叫早时间，用餐时间、地点，集合出发时间、地点，行程和注意事项等。这项工作可以在就餐的时候完成，若游客入住后不安排集中就餐，这项工作则可提前在车上完成。

[小思考]

游客们都拿到了自己的房间钥匙正要分散进入自己的房间，这时导游人员对大家说："请进到房间后就下来用餐！"你觉得这位导游人员准确地表达了自己的意思吗？

（提示：在旅游接待中，导游人员经常要规定时间，比如集合的时间、用餐的时间、购物的时间等，为不使游客产生误解，导游人员表达时间一定要准确，一定要明确地说是几点几分。这看起来是小问题，但小问题也极有可能带来纠纷矛盾。下面一些说法都是不对的："吃完早餐就出发"，"进去逛一遍就出来，不要久留，否则我们不等"。本案例中的这位导游人员表达不准确，很容易让游客产生误解。

如果接待的是外国游客，导游员还应明确是"北京时间几点几分"。）

（五）核对、商定旅游日程

一般来说，旅游团在某地的参观游览项目已明确规定在旅游协议书上，而且在旅游团到达前，旅行社已经安排好该团在当地的活动日程。但这并不表明没有必要核对、商定旅游日程，事实上，这是地陪工作的必经程序之一。核对的内容主要包括：地陪、全陪、领队手中的旅游日程有无出入；每天日程安排的具体内容；特殊活动的安排情况；向领队征求对地接社安排的详细日程的意见；离开本地时的交通工具、航班（车次）及时间；领队、全陪有无新的要求；征求领队对自费项目的安排意见。

（六）出发前往参观游览地时地陪的工作

准备好导游工作的必备物品，如导游证、正式接待计划、接待社社旗、IC 计分卡、话筒、必要的票证（如门票结算单）等，提前 10 分钟到达出发集合的地点。适当提醒有关注意事项，如加减衣服、带好雨具、遮阳用具等。游客登车后，一定要清点人数，当所有游客到齐后才能示意司机开车。如果有客人生病不能参加活动，应劝其就医或在饭店休息，并通知饭店总台进行适当照顾，落实送餐服务；若有的游客不愿随团活动，地陪应问清情况并妥善安排；若出发时间已过，又不知道游客在哪里，地陪应征求领队、全陪的意见，是否继续等候。如果决定不等候，地陪必须将当日的日程及用餐地点告诉总台及旅行社，以方便掉队的游客归队。

（七）做好景点导游、讲解工作

到达景点下车前，地陪要讲清楚游客在该景点旅游应注意的事项，并提醒游客记住停车地点、车辆特征、车牌号码以及游完景点后集合的时间、地点。在景点讲解时，地陪应手举导游旗走在旅游队伍前面，一边引路，一边讲解。任何“游而不讲”或“放羊”的做法都是导游人员不负责任的表现，也易引发服务纠纷。为避免游客不听讲解而忙于拍照的情况出现，地陪可事先告知游客拍照的时间、最好的拍照地点。如光线越来越暗，可先安排拍照。在讲解时，也应时刻留心旅游者的动向，以免旅游者走失或发生安全事故。

（八）合理安排好购物

购物是旅游者旅游过程的一个重要组成部分，但也是最易引发旅游纠纷的环节之一。地陪应合理地安排好此项活动，恰到好处地宣传、推销本地的旅游商品，做到既符合旅游者的意愿，也符合导游工作的要求。特别应注意下面几点：

（1）选择信誉良好并能体现当地特色的购物点。

（2）安排的购物次数不能太多。根据《中国公民出境旅游合同》（示范文本）的要求，组团社安排的购物次数不超过行程日数的一半，同时还要明确购物场所名称、停留的最多时间及主要商品等内容。

（3）选择恰当的购物时机。一天当中的购物最好安排在所有游览项目都结束以后，这样既是游览过程的一种调剂，也不至于增加行李负担，影响游览。如果行程有数日，购物安排尽可能排在最后一日。

（4）当好旅游者购物顾问。地陪事先要介绍本地商品的特色和购买商品时应注意的事项，如：爱好与财力相结合；尽量购买小巧的产品，便于旅途携带；尽量购买有当地特色的产品；少买吃的，多买用的；尽量购买有纪念意义的产品等。而对贵重物品、大件物品、海鲜水产等，应提醒游客谨慎购买。地陪是旅游者的购物顾问，不是商品促销员，因此，地陪带客人购物应坚持旅游者自愿购物的原则，不得欺骗旅游者或强行要求旅游者购物。若遇到商家有不法行为时，应站在旅游者一边，维护其正当的消费权益。随时提供客人购物时所需的服务，如翻译、介绍托运手续等。

[小思考]

一位游客在购物时，突然发现自己的钱没有带够，这时，导游员主动说："缺多少？我借给你！"请问，这位导游员的做法妥当吗？

（提示：导游员出于好心借钱给游客，但很可能会使游客误以为导游人员在促使游客购物，因此，导游人员最好不要在游客购物时借钱给游客。当然，如果导游人员购物时带的钱不够，最好也别向游客开口借，这也容易使游客误以为你在向游客要钱。）

（九）做好送站工作

旅游团离开本地前，地陪应核实、确认团队离开的交通票据，如航班号（车次、船次）、离港（站）时间及具体机场（车站、码头），等等。如有变更，应及时提醒旅行社有关工作人员或通知下一站，以免漏接。

出发前，地陪应询问游客是否结清个人费用，提醒旅游者勿将物品忘在饭店，尤其是护照、钱包、照相机、摄像机等重要物品。必要时，亲自到各个房间巡视一遍。地陪自己也应检查是否保留有游客的证件，最后清点人数。送国内航班应提前90分钟到机场，送国际航班提前应提前120分钟到机场，送火车、轮船应提前60分钟到车站、码头。

[补充阅读]

误机（车、船）会打乱整个旅游行程，甚至带来很大的损失，几乎每次误机（车、船）都要带来纠纷。地陪应极力避免误机（车、船）事故。

如果旅游团当日要离开本地，为保证旅游团每一个成员能按时登机（车、船），有经验的地陪会对这一天的日程进行特别安排，避免下面一些情况出现：(1)安排旅游者在范围广、地域复杂、路途较远的景点游览；(2)安排在范围广的热闹商业区购物；(3)安排自由活动。相反，他们会安排旅游者在范围小、地域简单、与机场（车站、码头）邻近的景点游览，若安排游客购物，他们会安排游客去专卖店或有固定范围的商场。这样可减少不确定性因素，最大限度地减少误机（车、船）的概率。

三、全陪服务中应注意的规范

全陪的全称是全程陪同导游人员，是"受组团旅行社委派，作为组团社的代表，在领队和地方陪同导游人员的配合下实施接待计划，为旅游团提供全程陪同服务的导游人员"。在接待服务过程中，地陪和全陪的工作侧重点不同，但两者并没有绝对的界线，其角色经常是互换的，因此，地陪为避免纠纷而应注意的事项对全陪同样有借鉴意义。本部分内容侧重于介绍全陪特有的工作中为避免纠纷应注意的事项。

（一）做好接待前的准备工作

接团前，全陪要认真阅读接待计划及相关资料，了解所接旅游团的整体情况，掌握该团的特点，做到心中有数。了解沿途各站有关的地理、历史、经济、民俗风情及各游览点的概况。了解客人的风俗习惯、兴趣爱好。如果是专业旅游团队，全陪还应大致了解该专业的知识；尤其是接待国外的专业旅游团队，应事先了解专业单词、专业术语的译法。

（二）做好协助和监督工作

一方面，全陪要给予地陪必要的协助，以共同做好接待工作。另一方面，全陪作为组团社代表，应代表组团社和游客的利益，一旦地接社或地陪的服务有问题，全陪要及时提出并制止。实践当中，有的全陪“陪”而不“导”，甚至与游客一起游玩拍照，忽视了自己的监督职责，游客对此意见很大，这也是纠纷产生的原因之一。

[小资料]

在接待工作中，多数情况下，地接社承担了主要的具体接待工作任务，游客在旅游中遇到的多数问题都与地接社的服务质量有关。但旅游活动是由组团社组织安排的，游客首先会投诉组团社。因此，全陪一项重要工作是监督地接社执行旅游团计划的情况及服务质量，将游客的意见和建议及时向地陪反映，指出地接社在接待过程中的不足并提出改进意见，必要时向组团社汇报。

（三）做好联络和协调工作

全陪首先要做好旅游线路上各站之间，特别是上、下站之间的联络工作，通报情况，落实接待事宜，保证旅游活动顺利进行。全陪还应做好领队和地陪之间、旅游者和地陪之间的协调工作，及时把领队和旅游者的要求通报给地陪，以便地陪能采取更主动、更有效、更有针对性的工作方法。

（四）保护旅游者的人身财产安全

在游览过程中，全陪要始终注意保护旅游者的人身财产安全。随时注意观察周围环境，有危险因素及时向游客和地陪提出；协助地陪、领队清点人数；随时提醒游客不要遗忘随身携带的贵重物品（钱包、手机、摄像机等）；随时准备为年老体弱者提供帮助；随时留意游客动向，避免旅游者走失或发生意外。一般情况下，当地陪在前面讲解、引路的时候，全陪应走在队伍的最后。

（五）做好异地移动途中服务

异地移动途中服务是全陪服务中的重要方面，这也是全陪服务不同于地陪服务的主要表现之一。全陪应尽力做好途中服务工作，为游客安排好途中生活。首先，全陪有责任组织游客顺利登机（车、船），由自己或请团队负责人分发登机牌，合理分配包房或卧铺铺位，老人、带幼儿者应安排在下铺。其次，全陪应熟悉各种交通工具的性能及交通部门的有关规定，提醒游客遵守相关规定。在旅行途中，全陪应安排好游客的饮食和休息，提醒游客注意人身和财产安全。同时，全陪自己也要保护好团款、证件、车船票和相关单据。再次，在上下两站之间和长途旅行途中，全陪可作适当的讲解。为避免在长途旅行和长时间等候期间出现沉闷气氛，全陪还可视情况组织一些文娱活动。

[小资料]

为保证行车安全,全陪可从以下几方面加以注意:拒绝使用设备不达标的车;不随意与司机聊天;提醒司机不开快车;提醒游客不要把头、手伸出窗外;选择合适的时间和地点,适当满足游客停车观景的需要;汽车行驶2小时就应停一下,既能满足游客上卫生间的要求,也使司机适当休息一下。

(六)做好售后服务工作

许多组团社不太重视售后服务,以为行程结束就万事大吉了。事实上,许多旅游投诉发生在旅游结束之后。组团社如果能提供良好的售后服务,这对树立旅行社的形象,改进旅行社的工作,预防和减少纠纷,争取回头客都是非常有利的。从事售后服务的可以是全陪,也可是旅行社其他人员,但由于全陪与游客有较长时间的接触,其售后服务效果可能会更好。比如,游客到家后,全陪可于第二天打回访电话,回忆旅途生活,了解游客对旅途的感受;也可在方便的时候与游客联系,告知一些新的产品信息,或寄送一些宣传资料等。

四、领队服务中应注意的规范

根据国家旅游局发布的《出境旅游领队人员管理办法》的规定,出境旅游领队人员,是指按规定取得出境旅游领队证,接受具有出境旅游业务经营权的国际旅行社的委派,从事出境旅游领队业务的人员。领队工作与全陪和地陪有相似的地方,全陪、地陪为避免纠纷而应注意的事项对领队同样有借鉴意义。本部分内容侧重于介绍领队特有的工作中为避免纠纷应注意的事项。

(一)做好接待前的准备

1. 核对各种票据、表格和旅行证件

出境旅游不同于国内旅游,需要大量票据、表格和旅行证件。在出行前,领队要对这些票据、表格和旅行证件逐一认真核对,发现错误及时改正,以免耽误行程。需核对的事项主要包括:

(1)核对护照与机票,看护照与机票上的中文姓名、拼音姓名及前往国家(地区)是否相符。

(2)核对行程与机票。

(3)核对护照与《中国公民出国旅游团队名单表》,要求护照上的记载与名单表记载内容一致,实际出境旅游人数与团队名单表一致。

(4)核对护照内容,包括正文页与出境卡项目一致,出境卡两页是否盖章,是否与前往国(地区)相符,签证的有效期、签证水印及签字等。

上述内容有一项不一致,都有可能影响整个旅游团的行程,给旅行社带来重大损失。

［小资料］

作为领队，应有比较强烈的"证件意识"。出境旅游不同于国内旅游，每个客人都应该证件齐全，特别是护照。一定程度上，护照比金钱更重要。一旦护照丢失，不仅本人的行程受影响，还将影响整个团队的行程安排。机票也是非常重要的，一旦丢失，会给旅途带来很大麻烦。因此，在旅游途中，领队最好将护照、机票统一保管。

2. 了解相关知识

领队在出发前，应事先了解出入境知识和国际旅游常识；还应根据团队计划线路，尽可能全面了解前往国家或地区的政治、经济和社会治安状况、签证规定、海关规定、医疗卫生条件以及有无传染病疫情等；尽可能了解各旅游目的地的历史、地理、文化、饮食、风俗习惯、旅游业状况及与我国的外交关系等，做到心中有数。

3. 开好行前说明会

行前说明会是出境旅游团队出发前的一个重要程序，也是一个必备程序。说明会有两大作用：一是将有关注意事项告知每一位游客，如出入境的程序、境外旅游期间的财物保管及人身安全注意事项，国外饭店设施、用品与国内饭店的差别等。二是使游客之间互相熟悉，以便于今后的团队组织工作。会上领队有责任提醒客人带好相关物品：有效证件（身份证、护照、通行证等）；适合当地气候特点的衣物（最好是休闲装或运动装）、遮阳帽、太阳镜、雨具等；洗漱用品；常用药品，如感冒药、止泻药、消炎药、晕车药、镇痛药等，所带药品最好有处方说明；重要电话、笔、纸等；照相机、摄像机、电池和足够的胶卷等；其他用品，如多用插头、闹钟、多用小刀等。

（二）落实住宿和用餐

在入住酒店前，领队应与地接社导游一道，有针对性地将该酒店的具体注意事项告知游客。一般包括如下内容：酒店的防火安全设施情况；如何开房门和关房门；房间内是否供应开水；房间内电器插座的电压；房间内哪些物品和服务是免费的，哪些物品和服务是要收费的。领队还有必要提醒游客注意形象，文明住宿：不可用毛巾、浴巾、被单等物品擦皮鞋；洗澡时将挂帘布拉齐，避免洗澡时水由浴室流至房间地毯上，否则，酒店可能会要求客人赔偿损失；不要穿睡衣和拖鞋在走廊游走，不要在房门外大声喧哗；房内聊天，注意关上房门，以免影响他人。

境外用餐习惯很多与国内不同，领队一方面应成为游客与地接社之间的桥梁，将游客的用餐要求、用餐习惯及时告知地接社，将当地的饮食规范告知游客；另一方面，领队还应对沿途用餐进行监督，看是否符合预定的标准，若有不符，及时向当地导游反映，要求改正。

（三）落实观光游览服务

在境外观光游览过程中，领队应做好下列工作：

(1)注意游客的安全。时刻与旅游者在一起,经常清点人数。提醒游客注意各地时差(有些地方采用夏令时间)。时刻留意旅游者的动向,以防意外事故发生,应经常地提醒游客注意在当地旅游应遵守的一些事项。在游览过程中,领队一般应走在后面,并注意道路的交叉口和拐弯处。

[小资料]

领队如何避免客人迷路

客人迷路、走失往往也是旅游纠纷的起因。尤其是境外旅游,应极力避免出现客人走失、走散、迷路的情况。为避免客人迷路,领队应做到:强调旅游纪律,避免单独行动;给每位客人一张酒店名片;将自己的电话、地陪导游人员的电话、酒店的电话告知游客;提醒游客在街边行走时注意观察道路两边的景物,记住有特征的景物;把团队的行程安排告诉每一位客人,便于客人与团队会合。

(2)与接待单位和导游人员密切配合,妥善处理各种事故和问题。对导游人员推荐的自费项目,要征求全体客人的意见,如果导游人员随意加价或强迫消费,应以妥善的方式指出或制止,坚决维护客人的利益。情况严重时,及时与接待社或国内组团社联络处理。

(3)做好上、下站联络工作。

(4)办理所有旅游目的地国家或地区的出、入境手续。

(5)支付小费。

(四)提供购物服务

游客在境外旅行,免不了要购买些纪念品或当地特产。由于游客对当地不熟悉,加上语言不通,在购物的时候很需要领队的帮助,领队应热情地予以协助,并给予恰当的指导:如购物应量力而行,尤其要根据自己所携带外币的情况,决定购物总量;告知游客哪些商品不准许入境以及商品的减免税规定;提醒游客索要发票及购物凭证,以免出入境时遇到不必要的麻烦。但购物毕竟不是游客出游的主要目的,在出现当地导游人员过多安排购物次数或任意延长购物时间的情况下,领队要及时交涉。

(五)提醒和制止游客的不文明行为

改革开放以来,我国旅游业迅速发展,公民的旅游文明素质和道德水平不断提升。但从整体上看,当前我国公民的文明素质与高速发展的旅游业还不适应,一些公民在旅游活动中表现出来的不文明行为,不仅严重损害了中国"礼仪之邦"的形象,还易带来纠纷。因此,在旅游活动中,领队有责任及时提醒和制止游客的不文明行为。

[小资料]

中国公民出国(境)旅游常见不文明行为主要有:

(1)随处抛丢垃圾、废弃物,随地吐痰、擤鼻涕、吐口香糖,上厕所不冲水,不讲卫生留脏迹。

(2)无视禁烟标志想吸就吸,污染公共空间,危害他人健康。

(3)乘坐公共交通工具时争抢拥挤,购物、参观时插队加塞,排队等候时跨越黄线。

(4)在车船、飞机、餐厅、宾馆、景点等公共场所高声接打电话、呼朋唤友、猜拳行令、扎堆吵闹。

(5)在教堂、寺庙等宗教场所嬉戏、玩笑,不尊重当地居民风俗。

(6)大庭广众之下脱去鞋袜、赤膊袒胸,把裤腿卷到膝盖以上、翘"二郎腿",酒足饭饱后毫不掩饰地剔牙,卧室以外穿睡衣或衣冠不整,有碍观瞻。

(7)说话脏字连篇,举止粗鲁专横,遇到纠纷或不顺心的事大发脾气,恶语相向,缺乏基本社交修养。

(8)在不打折扣的店铺讨价还价,强行拉外国人拍照、合影。

(9)涉足色情场所、参加赌博活动。

(10)不消费却长时间占据消费区域,吃自助餐时多拿浪费,离开宾馆饭店时带走非赠品,享受服务后不付小费,贪占小便宜。

(资料来源:中国旅游网

http://www.cnta.com/news_detail/newsshow.asp? id = A20069228315630716 64)

第四节　提高导游人员的应变能力

一、导游人员应变能力对预防和减少旅游纠纷的意义

在导游服务过程中,随时都有可能发生突发性事件而导致纠纷,这些纠纷在不断地考验导游人员的服务规范和临场应变能力。导游人员不仅要有严格的操作规范,还应有较强的应变能力,这对预防和减少旅游纠纷有着重要的意义。这是因为,导游人员的工作内容繁杂,涉及众多环节,其中有许多不可控因素,易于产生事故。而且这些事故往往具有突发性特点,如行李丢失、财物被盗、旅游者患病、车辆故障等,要求导游人员能快速做出正确的反应,容不得导游人员深思熟虑,甚至也无法与他人商量,因为导游人员一般是独自带团,除了重大事情、导游人员决定不了的事情应报旅行社领导处理外,大部分事情需要导游人员独自解决,若导游人员没有一定的应变能力是很难解决这些问题的。在实践中,许多突发性事件如果处理得当、处理及时,不一定会成为纠纷;而一些即使很小的问题,处理不当也会引发很大纠纷。在出现纠纷后,导游人员处理得当的话,也可能很快化解纠纷。

二、导游人员应变能力的培养

(一)培养良好的心理素质

是否具有良好的临场应变能力很大程度上取决于个人的心理素质。当难题出现的时候,导游人员最重要的是临变不慌、沉着冷静,始终保持清醒的头脑,这样才有可能找到最好的解决问题的办法。如果一出现问题就心乱如麻,手足无措,这不仅无助于事情的解决,还会严重影响导游在游客心中的形象,失去游客的信任。

(二)具有责任感和使命感

在旅游过程中,游客对导游人员有着极高的期望值。当难题出现的时候,游客普遍期待着导游人员的良策。作为导游人员,也应该以强烈的责任感和使命感,直面困难,勇挑重担,承担起对游客的责任。这种责任心能激发导游人员的潜能,有助于导游人员尽快找到解决问题的办法。即使问题最终没有解决,游客也会赞赏导游人员这种敢于承担责任的态度。

(三)掌握处理突发性问题的一般原则和程序

在实际工作中,导游人员可能会面临各式各样的突发性问题。尽管对不同的问题有不同的具体处理方式,但处理原则和程序也有其共性。导游员了解这些共性能提高自身的应变能力,从而有利于预防纠纷。

导游人员处理突发性问题的一般原则:

(1)及时性原则。对旅游服务中遇到的问题,导游人员都应及时解决,这既可减少损失,也能体现导游服务的诚意和效率。

(2)协调性原则。领队、全陪、地陪共同担负着为旅游者服务的任务,出现问题时,应互相支持配合,分工协作。同时,还要协调好与旅游服务供应部门和企业的关系。

(3)补偿性原则。若接待工作存在过失,应给予游客必要的补偿。补偿的方式有很多,如加菜、加酒水、加景点、提高服务标准、减免服务费等。

导游人员处理突发性问题的一般程序:

(1)赔礼道歉,稳定游客情绪。

(2)多方联系,密切配合,寻找妥善解决问题的方式和途径。

(3)继续为游客提供热情周到的服务,需要补偿的尽快补偿,或协助游客向其他单位索赔。

(4)总结教训,不断提高。

(四)熟悉导游工作的各项基本业务

导游人员要有良好的应变能力,其前提之一是导游人员对各项业务非常熟悉,不仅熟悉工作内容,还要熟悉工作程序。只有这样,才容易把握处理问题的分寸,也只有做到这一点,才能将工作程序和方式灵活运用到实际工作中去,在工作中做到举一反三。

（五）对一些规律性的问题事先做好准备

旅途中出现的各种问题，多数是有规律可循的。对这些问题，导游人员可以事先做好准备，了解相应的解决途径，一旦问题出现，可以迅速地着手解决。而且，了解了这些规律性问题的解决途径，也有助于导游人员对其他问题的解决。

三、常见旅游故障的应变处理

旅游故障是旅游过程中各种阻碍旅游活动正常进行并有可能造成损害的倾向、问题和事故，如日程变更、行李丢失、财物被盗等。这些旅游故障介于纠纷与非纠纷之间，处理不好，就会演变成旅游纠纷，处理得好就不会成为纠纷。导游员应充分认识旅游故障对旅游活动的顺利进行和对旅游者的生命财产及旅游感受所带来的危害，采取积极有效的应对措施，妥善地进行处理，防止矛盾激化。

（一）变更旅游计划和日程

旅游计划或活动日程一般不得轻易改动，但有时各种客观因素和不可预料的因素，如自然灾害、社会动乱、传染病、旅游者突然伤病、交通受阻等，会迫使旅行社不得不更改旅游路线或日程。相应的处理方法是：

(1)制订应变计划并报告旅行社。导游人员应认真分析问题的性质和可能的后果，分析旅游者因情况变化可能出现的情绪，然后制订应变计划并报告旅行社。

(2)做好说服旅游者的工作。地陪、全陪、领队应先就有关问题进行协商，取得一致意见。最好先做通旅游团中有影响的成员的工作，然后分头做其他旅游者的工作。做工作时应注意：先道歉，再实事求是地说明困难，再介绍应变计划。

(3)通知一切相关接待单位，及时办理吃、住、行等的变更。

(4)贯彻不能让游客有损失的原则：无法安排的景点应有别的景点替代，或退还部分费用；即使缩短在景点的时间，也尽量不要减少计划中的景点；尽量以更为周到的服务补偿游客；适当地辅以物质补偿，如加餐、加菜、加酒、赠送小纪念品等。必要时可请旅行社领导出面向游客表示歉意。

（二）漏接和误机（车、船）

1. 漏接

漏接是指旅游者抵达某站后，无导游人员迎接的现象。造成漏接的原因有很多，如导游员记错了时间、地点；到达时间变更，而接待社没有及时得到通知；组团社通知接站的时间有误等。漏接的出现总是会带来不愉快，也极易引发纠纷，导游人员应注意防范。一旦出现漏接也不要慌张，应尽量采取措施消除游客的不满情绪。

(1)实事求是讲明漏接原因，向旅游者诚恳地赔礼道歉，求得谅解。

(2)采取弥补措施，将旅游者的损失减少到最低限度。

(3)提供更加热情周到的服务。

(4)主动赔付旅游者因漏接而产生的费用，必要时酌情给旅游者一定的物质补偿。

[小思考]

导游人员小王接受了接待一个东南亚旅游团的任务。事先小王多次向旅行社落实航班抵达的时间,得到的回答都是晚上9点。晚上7点,小王正要去接机时,接到旅游团领队打来的电话,说游客已经到达两小时,却无人接机,游客已自行租车到达酒店。小王大吃一惊,急匆匆赶到酒店,听到的是一片指责声。小王主动向游客道歉,并积极安排游客的食宿,终于使气氛得到缓和。后经确认,造成漏接的直接原因是组团社通知的时间错误,小王并无责任。你觉得小王在未弄清事实的时候就道歉对吗?

(提示:导游人员的道歉,既要依据事实,又不能拘泥于事实。尽管漏接的责任不在导游人员,但漏接毕竟给游客带来了损失,作为导游人员,向游客道歉并无不妥。而且,主动道歉有助于缓和矛盾、消除纠纷,为后面的行程打好基础。如果导游人员在这种情况下去和领队或游客争个水落石出,反而易激化矛盾,不利于日后的工作。)

2. 误机(车、船)

误机(车、船)是指旅游者因故没有按原定航班(车次、船次)离开本站而导致暂时滞留。误机(车、船)事故的处理方法是:

(1)立即向旅行社报告。

(2)尽快与机场(车站、码头)联系,争取让旅游者尽快改乘后续班次的交通工具离开本站,或采取包机(车、船)形式尽快前往下一站,或改乘其他交通工具。

(3)稳定旅游者的情绪,妥善安排滞留期间的食宿、参观等事宜。

(4)及时通知下一站,对日程安排做出调整。

(5)向游客赔礼道歉。

[小资料]

误机的原因很多,有的是导游人员无法控制的,有的是导游人员能控制的。对由于后者造成的误机,导游人员应尽量避免,这要求导游人员有高度的责任感和极为细致的工作态度。比如,在确定航班时间时,导游人员就应多些"心眼"。曾发生过这样的事,一位导游人员打电话给机场值班员,询问旅游团所乘飞机的起飞时间,值班员告诉他:"飞机17点起飞。"导游人员听成了"飞机是7点起飞"。等他晚上7点前带团赶到时,飞机早就没了踪影。还有一次,也是一位导游人员打电话问飞机的起飞时间,导游人员听到的回答是4点起飞,哪知飞机上午10点就飞走了。也许导游人员可以怪他人语音不准,但导游人员更应从自身找原因。如果当时细心一点,追问两句,这种听错的事件就可避免。当然,最重要的是,导游人员应尽量先见票,做到"眼见为实"。

(三)旅游者丢失行李

行李丢失,会极大地影响游客的旅途生活和旅游兴致。无论发生行李丢失的责任是否应由旅行社承担，导游人员都应主动、热情地帮助游客找回行李和提供必要的生活上的帮助。

(1)冷静分析情况，找到出错环节。如果是出站时领取不到托运的行李，则有可能是上一站行李交接或行李托运过程中出现了差错，或是其他人拿错了行李，这时导游人员可这样处理：带失主到失物登记处办理行李丢失和认领手续，填写丢失行李登记表；向旅行社领导汇报，安排有关部门和人员与机场、上一站接待社、民航等单位联系，积极寻找。如果抵达饭店后，旅游者没有拿到行李，则问题可能出在饭店内或本地交接及运送行李过程中，这时导游人员可这样处理：询问本旅游团其他成员，看是否有人错拿了行李，或是饭店行李员送错了房间；联系饭店行李科，请其设法查找；若找不到，应向旅行社领导汇报。

(2)对丢失行李表示歉意。

(3)帮助解决游客因丢失行李带来的生活方面的困难。

(4)经常与有关方面联系，询问查找进展情况。

(5)帮助失主根据规定向有关部门索赔。

(四)旅游者走失

1. 旅游者在游览时走失

(1)应立即了解情况，组织寻找。导游人员应先向其他旅游者、景区工作人员了解情况并迅速组织寻找。先找停车场周围，再找旅游景点(区)出口处，然后按照游览路线的逆方向逐次寻找。与住宿宾馆取得联系，了解走失的游客是否已回宾馆。找人的工作主要由地陪、全陪、领队承担，也可请熟悉走失者的游客帮忙，必要时请景点工作人员协助寻找。

(2)向游览地派出所和管理部门求助。

(3)向旅行社领导汇报。

(4)必要时向公安部门报案。

(5)做好善后工作。找到旅游者后，如果游客走失有导游的责任，导游员应向游客道歉；如果责任在走失者，导游也不要指责或训斥对方，而应对其安慰，并晓以利害。

2. 旅游者在自由活动时走失

(1)立即报告旅行社，请求接待旅行社协助。

(2)向派出所报案，详细提供走失者的特征和相关情况，请求寻找。

(3)走失者回到饭店后，导游人员首先应表示高兴。问清情况，必要时提出善意的批评，但不可过多指责。

(五)旅游安全事故

旅游安全事故是指涉及旅游者人身、财产安全的事故，主要包括交通事故、治安事故、火灾、食物中毒等。无论发生安全事故的责任在哪一方，导游人员都有责任对事故进行妥善处理,最大限度地保护旅游者的人身财产安全。

1. 交通事故

(1)要求司机立即停车,保护现场。

(2)造成人身伤亡的,应当立即抢救受伤人员,因抢救受伤人员变动现场的,应当标明位置。

(3)迅速报告执勤的交通警察或公安机关交通管理部门。

(4)报告旅行社。

(5)做好其他旅游者的安抚工作,力争按计划继续进行游览参观活动。

(6)请医院对受伤旅游者开出医疗诊断证明书,请公安交通管理部门开具交通事故认定书,以便向保险公司索赔。

2. 治安事故

(1)保护旅游者的人身、财产安全。在旅游活动中,遇到歹徒行凶、抢劫、诈骗、偷窃,导游人员应毫不犹豫地挺身而出,保护旅游者。可采取的行为包括:与坏人搏斗;将旅游者转移到安全地点;与游客、公安人员一起缉拿坏人,追回钱物;如果有旅游者受伤,应立即组织抢救或送伤者去医院。

(2)立即报警。治安事故发生后,导游人员应立即向公安部门报案并积极协助公安人员破案。

(3)及时向旅行社领导报告。情况严重时请旅行社领导前来处理。

(4)妥善处理善后事宜。治安事故发生后,导游人员要采取必要措施稳定旅游者情绪,尽力使旅游活动继续进行。准备好必要的证明材料,协助处理好受害者的补偿、索赔等事宜。

3. 火灾事故

水火无情,为保障游客安全,导游人员要事先了解游客入住的饭店,熟悉饭店周围环境,了解安全通道的位置。一旦发生火灾,导游人员可采取如下措施:

(1)立即报警并叫醒全团。

(2)通知旅游者走安全通道迅速撤离。

(3)判断火情,引导自救。如果情况危机,不能马上离开火灾现场或被困,导游人员应引导游客自救:告诫游客不可搭乘电梯或从高层跳楼;必须通过浓烟时,用浸湿的衣物披裹身体,用湿毛巾捂住口、鼻,身体贴近地面顺墙爬行;若身上着火,可就地打滚,将火苗压灭,或用厚重衣物压灭火苗;大火封门无法逃脱时,可用浸湿的衣物、被褥将房门封堵严实,避免有害气体进入,若有水源,可对门进行泼水降温,等待救援;摇动色彩鲜艳的衣物呼唤救援人员;若迫不得已必须往下跳,可将被单撕成长条,联结成一长绳顺着滑下。

(4)协助处理善后事宜。旅游者得救后,导游人员应立即配合救援人员抢救伤员,将重伤者立即送往医院;采取各种措施,稳定旅游者的情绪;设法解决旅游者因火灾所造成的生活上的各种困难;尽可能使旅游活动继续进行。

(5)协助索赔。

[小资料]

火灾重在预防。导游人员应学会一些防火常识,并时时提醒游客注意:

(1)不携带易燃、易爆物品。

(2)不躺在床上吸烟。

(3)不随地乱扔烟头,并注意熄灭烟火。

(4)不在房间内点蜡烛。

(5)衣物不要放在电灯旁烘干。

(6)不在房间内使用电炉及大功率电器。

(7)使用插头要注意安全,夜间及时拔掉。

4. 食物中毒

食物中毒是指细菌性、化学性、真菌性和有毒动植物等引发的暴发性中毒。其特点是许多人同时发病,病状相似(如呕吐、腹痛、下痢等),病情急,进展快,有食用同一种食物的历史。一旦发生食物中毒,导游可采取下列措施:

(1)拨打急救电话或迅速送往医院抢救。

(2)迅速报告旅行社领导。

(3)指导旅游者自救:将手指伸入患者口中,刺激患者喉部以便催吐;多喝水以加速排泄,缓解毒性;用毛毯盖着患者保温,让患者侧卧。

(4)设法保留证据,并请医院开具诊断证明。

(5)追究供餐单位的责任,协助游客索赔。

(六)旅游者患病、死亡

1. 一般患病

(1)劝旅游者及早就医,但严禁擅自给游客用药。

(2)必要时,导游人员可陪同患者前往医院就医,但应向患者讲清楚,所需费用自理,提醒其保存好诊断证明和医疗费用收据。

(3)劝其多休息,不要强行游览。

(4)关心照顾病人。让其坐在较舒服的座位上,或在饭店休息,但一定要通知饭店给予关照,必要时通知餐厅为其提供送餐服务。

[小思考]

导游人员为什么不能擅自给游客用药?

2. 旅游者突患重病

(1)送往医院。在征得患者、患者亲友或领队同意后,立即将患者送往医院治疗,或请医生前来抢救。必要时中止旅行,全力救助患者。若在乘坐交通工具时患病,可请求乘务人员帮助,在乘客中寻找医务人员,并通知下一站接待社做好抢救准备。若在饭店、景区患病，可先要求饭店方面和景区管理部门提供帮助。

(2)将情况及时通知旅行社，请求指示和派人协助。

(3)协助救治。在抢救过程中，导游应予协助，并要求全陪、领队或患者亲友在场。如需要做手术，须征得患者亲属同意，如果亲属不在，必须由领队同意并签字。

(4)患者病危应通知亲属。若患者病危，而亲属又不在身边时，导游人员应提醒领队及时通知患者亲属。如患者亲属系外国人士，导游人员要协助其办理来华探视手续；若找不到亲属，一切按使、领馆的书面意见处理。

(5)妥善安排其他旅游者继续旅游。地陪应请求接待社领导派人帮助照顾患者，同时安排好旅游团继续按计划活动，不得将全团活动中断。

(6)注意事项：诊治、抢救或做手术要有书面材料，应由主治医生开具医疗证明并签字，医疗证明要妥善保存。导游还应详细记录患者患病前后的症状及治疗情况。

3. 旅游者因病死亡

(1)立即向旅行社报告，请求指示和帮助。

(2)稳定团队情绪。

(3)通知死者亲属。

(4)向医院索要由主治医师签字并盖章的抢救经过报告、死亡诊断证明书。

(5)死者的遗物由其亲属或领队、死者生前好友代表、全陪或所在国驻华使、领馆有关官员共同清点造册，列出清单，清点人在清单上一一签字。遗物要交死者家属或死者所在国家驻华使、领馆有关人员。接收遗物者应在收据上签字，收据上应注明接收时间、地点、在场人员等。

(6)请领队向全团宣布死者死亡原因及抢救的经过。

(7)旅游团按原计划继续参观游览。

四、对旅游者所提要求的应变处理

在旅游活动中，旅游者难免会提出一些个人要求。有合理的，也有不合理的，有难办到的，也有容易办到的。无论旅游者提出什么样的要求，导游人员都应予以充分重视，并正确及时、合情合理地予以解决。粗暴地拒绝易引发纠纷，而处理不当同样也易引发纠纷。

(一)旅游者要求变更计划和日程

旅游过程中，经常遇到旅游者要求变更计划或活动日程的情况。对此，导游人员原则上应按合同执行，婉言拒绝旅游者的要求。特殊情况应上报组团社或接待社，并按照旅行社指示办理。

[小思考]

如果多数旅游者要求改变旅游计划,导游人员是不是就应该满足游客的要求呢?

(二)旅游者生活方面的个别要求

旅游者所提要求中,生活方面要求较多。对此,导游人员应热心、耐心、认真地加以解决。

1. 餐饮方面的个别要求

(1)特殊餐饮要求

游客有时会因宗教信仰、个人生活习惯、身体状况等方面的原因,提出一些特殊的饮食要求,如不吃猪肉或其他肉食、食物要全熟或半熟、不吃辣等,对这些特殊要求的处理可以遵照下列办法:

①如在旅游协议中有明文规定,导游人员应严格按规定执行。

②如果是游客临时提出,导游人员应与餐厅联系,尽可能满足游客的要求。如餐厅确有困难,要向旅游者解释清楚。

③可协助旅游者自己想办法解决。

(2)换餐要求

旅游者可能提出换餐要求,如把中餐换成西餐、便餐换成风味餐、更换用餐地点、改变餐饮标准等,对这一要求的处理可以采取如下方式:

①若在用餐前 3 小时提出,导游人员可尽量满足旅游者要求,但事先要说明由此造成的损失或差价费用由客人自己承担。

②接近用餐时间才提出换餐,导游人员一般应婉言拒绝,并做好解释工作。

③若游客坚持换餐,导游人员可建议游客自己点菜,费用自理。

④游客要求加菜、加饮料等,可予以满足,但费用自理。

(3)单独用餐要求

①游客若因个人问题要求单独用餐,导游人员要予以劝阻。若客人坚持己见,导游人员可以满足其要求,但事先说明餐费自理,且客人因此未享受的综合服务费不退。

②旅游者因病不能去餐厅用餐,导游人员或饭店服务生应主动将饭菜端进房间以示关怀。

③健康旅游者想在房间用餐,也可满足要求,但要告知服务费自理。

(4)要求自费品尝风味

①导游人员可协助与有关餐馆联系订餐。

②要求游客按时前往,否则可能要赔偿餐厅损失。

③游客若没有明确邀请,导游人员不要参加。

2. 住宿方面的个别要求

(1)要求调换房间

①如游客所住客房低于合同所规定的标准,应予以调换。确有困难,应向游客

致歉，请求谅解，并提出补偿条件。

②旅游者由于房间不干净、用具破损、空调效果差、隔音效果不好及客房内发现蟑螂、臭虫、老鼠等原因不愿入住，要求换房，导游人员应要求宾馆换房，尽量维护游客的利益。

③游客若因为房间朝向不好、观景角度不佳、楼层不理想等原因要求调换房间，若酒店有空房而且不存在档次差别，在与酒店商量并得到同意后，可满足客人要求，或请领队出面在游客中互相调剂。实在无法满足，应向游客致歉，请其谅解。

(2)要求调换更高标准客房

如酒店内有此类高档客房，应满足其要求，但需要收取房费差价和原房间的退房损失费。

(3)要求换住单间

如果饭店有空房，可以满足游客这一要求。但事先要和游客讲清楚，换住单间的费用自理。

3. 购物方面的个别要求

(1)要求单独外出购物

只要时间许可，导游人员应予以协助，如介绍购物商店、当地特色产品、购物注意事项等，必要时为旅游者写张中外文便条（商店名称、地址、简单购物用语）备用。但在旅游团快离开本地时，应劝阻游客单独外出购物。

(2)要求代购商品

如果旅游者当时没有买到某种商品，想委托导游人员代为购买并托运，导游人员一般应婉言拒绝。但一旦接受旅游者的委托，导游人员就应认真办好：收取足够的钱款（包括货款、托运费、手续费）；余额交旅行社退还委托者；发票、托运单及托运费收据寄给委托人，复印件由旅行社保存以备查验。

（三）旅游者要求自由活动

(1)游客不愿随团活动，而其要求又不影响整个旅游团队活动，导游人员可以满足其条件并提供必要的协助：如提醒游客带上饭店的店卡、告知旅游团详细的日程安排等。

(2)在某一游览点，个别游客不愿按规定线路游览而希望自由游览、摄影，若此时游览点人不太多，秩序又不乱，导游人员可以允许旅游者自由游览。但要提醒其团队集合时间、地点及团队旅游车的车号。必要时可给游客一字条，写上集合时间、地点、车号以及饭店的名称、电话号码，以备急用。

(3)晚上如无活动安排，游客要求自由活动，导游人员应建议其不要走太远，不要去秩序乱的场所，不要太晚回饭店等。

(4)游客若想探望在当地的亲友，导游人员应尽量予以协助，比如帮助联系、告知地点、告知乘车路线等。若游客要求导游人员陪同前往,导游人员在可能的情况下应尽量满足。

(5)游客由于特殊原因(患病、家中有事、单位有事等)要求中止旅游活动,提前离团,导游人员经与接待社协商后可以满足游客的要求,未享受的综合服务费视情况部分退还或不予退还。

(6)游客无特殊原因要求提前离团,导游人员应做好说服工作,劝其继续随团旅游。如果是导游人员工作失误造成的,应设法弥补。若游客提出的是无理要求,要耐心地进行解释。若旅游者执意离团,不听劝说,可满足其要求,但应告知未享受的综合服务费不予退还。

(7)下列情况下,导游人员应劝阻游客自由活动:旅游团即将离开本地,而游客想留在本地继续活动;地方治安情况不理想;游客想去情况复杂、混乱的地方自由活动;游客想去非游泳区游泳或去危险水域划船;要求去不对外开放的地区、机构参观游览等。

(四)旅游者要求转递物品或信件

(1)旅游者要求转递物品,导游人员须问清楚是何物。若是贵重物品,一般应婉拒,建议旅游者自己送去或通过邮局邮寄。若旅游者确实有困难需要帮助,导游人员可以给予帮助,但手续必须完备:游客书写委托书,注明物品名称、数量并当面点清,留下详细通信地址;收件人收到物品后写下收条;导游人员将委托书和收条一并交旅行社保管。

(2)若旅游者要求转递的是食品,导游人员应婉言拒绝。

(3)若旅游者要求转递信件或资料,导游人员应说服游客自己去邮局办理,但可提供必要的帮助。

(4)若是转交给有关部门或领导的物品,导游人员应事先征得旅行社领导同意,并让委托者当面打电话,经对方同意后方可接收,并尽量让对方派人前来领取。

(5)若游客要求将物品转递给外国驻华使、领馆人员,导游人员应婉言拒绝。

关键词汇

职业道德　礼仪　礼貌　导游服务规范　旅游故障　漏接　误机(车、船)　旅游安全事故

经典案例

某一研讨会成员有在青岛游览一天的计划。早上7点,导游人员小陈准时来到饭店迎接客人,游客们随即开始了一天的行程。几个景点过后,大家对司机越来越不满,认为司机开车不稳,好开快车,经常弄个急刹车让游客措手不及;对路不熟

悉，有一次还走了回头路，耽误了不少时间；对景区不熟，到某一景区竟找不到停车点；态度不好，从不满足游客停车拍照的要求。对此，小陈曾多次向司机指出过，但效果不佳。司机知道了游客的抱怨后，敌对情绪很大，最后竟然把车一锁，不见了踪影。游客们终于按捺不住了，纷纷要求换车换司机，还表示要投诉。如果你是小陈，你将怎么样避免纠纷？

（分析：1. 主动沟通、避免争执。导游人员应主动与游客进行沟通，认真倾听、详细了解游客的不满和要求。即使游客有过激言论，也应保持头脑冷静，不要急于辩解或马上否定，更不得与游客争执。

2. 真诚道歉，做出处理承诺。向游客解释车辆是旅行社向旅游汽车公司租用的，司机也是第一次打交道，出现这样的情况实属意外，真诚向游客表示歉意，请求游客谅解。并及时向游客承诺，将很快处理好这一事件，让游客放心。

3. 向旅行社反映情况，要求旅行社尽快联系新的车辆和司机。

4. 认真答复游客。告诉游客，旅行社将立即更换车辆和司机，而且车辆很快就到，请游客先安心游览。

5. 积极弥补、继续服务。新车到后，再次向游客道歉，表示虽然耽误了大家的游览时间，但绝不会减少景点。为表示旅行社弥补过失的诚意，可适当考虑一些补偿措施：如增加免费景点、加菜、加酒水饮料等。

6. 在后面的游程中提供更为周到、热情的服务。

7. 若仍有个别游客不满，可进行个别沟通，了解其要求，最大限度地尽快消除其不满。）

思考与训练

1. 举例说明规范的服务对避免旅游纠纷的意义。

2. 为避免旅游纠纷旅行社应遵守哪些经营规范？

3. 树立导游人员的良好形象对避免纠纷有何意义？

4. 导游人员应具备什么样的职业道德？

5. 导游人员怎样才能成为一个有礼貌的人？

6. 为避免旅游纠纷地陪应做好哪些工作？

7. 怎样指导游客购物才能避免纠纷？

8. 为避免旅游纠纷全陪应做好哪些工作？

9. 为避免旅游纠纷领队应做好哪些准备工作？

10. 导游人员应变能力对预防和减少旅游纠纷有何意义？

11. 课堂讨论："零团费"与旅游纠纷的关系。

12. 实践训练：设想一些常见旅游故障（如变更旅游计划、漏接、误机、丢失行李等），如果你是导游人员，你将如何处理以避免纠纷？

13. 实践训练：有一景区分成A线和B线两条旅游线，在具体游哪条线的问题上，地陪小李和游客产生了争执。游客强烈要求游B线，但小李的设想是安排A线。他对游客说："我们旅行社都是安排A线，B线没啥看头。"但游客仍要求走B线，全陪夹在中间左右为难，建议小李按游客的意思办。小李不高兴了："我说不行就是不行，听你们的还是听我的，要不，你来做地陪。"后来，旅游团还是走了A线。但游客的意见很大，整个行程闹得很不愉快。据悉，在合同中，对具体走哪条线没有规定。

请问，小李的做法对吗？导游人员怎样做才比较恰当？

（提示：小李的做法不对。在非原则性的问题上，导游人员应尽量满足游客的要求，这是导游热情、真诚服务的表现。本案例中，正确的做法是：小李应向游客讲明A、B线路的差别，若A线显然优于B线，小李要让游客知道优势在哪里。在讲原因的时候态度要真诚，要以理服人，不能强词夺理，更不能态度粗暴生硬。但若游客仍然坚持游B线，应尊重游客的意愿。因为合同只规定了景区，没有规定走哪条线，走B线并不违背合同。导游人员若把自己的意愿强加在游客身上，很容易导致游客的反感，这对工作是不利的。若旅行社只愿意安排A线，应该在合同中就约定清楚，免得事后出现争议。）

14. 实践训练：一个来自美国的旅游团在游览西安后，登上了去兰州的飞机。因为天气原因，飞机无法在兰州机场降落，只好又飞回西安。由于该团时间有限，兰州之行不得不取消。如果你是西安的接待社导游人员，你将如何处理这件事以最大限度地避免纠纷？

（提示：本案例属于因客观原因而不得不更改旅游路线或日程的情况。这时导游员可以这样做：1. 向旅行社汇报，征得旅行社的同意；2. 通知兰州负责接待的单位取消接待；3. 制订旅游团在西安继续旅游的计划并报告旅行社。制订旅游计划时可征求领队和旅游者的意见，并注意不要与已游览过的景点重复。4. 若有少数游客对继续在西安旅游不满，导游人员应配合领队做好工作，实事求是地说明困难，并介绍新的游程安排，让游客感觉在西安新增的两天同样会很有意义；5. 通知西安的相关接待单位，落实相关吃、住、行、游、购、娱的项目；6. 重新核算相关费用，贯彻不能让游客有损失的原则。）

第三编

旅游纠纷处理篇

第六章　旅游纠纷处理的原则和技巧

本章导读

尽管旅游纠纷重在预防，但不是所有的纠纷都能预防。无论是旅行社还是导游人员，想完全避免纠纷几乎是不可能的。因此，我们还应学会如何直面纠纷。本章通过大量案例，介绍了旅游纠纷的处理原则、程序和技巧。

第一节　旅游纠纷处理的原则

旅游纠纷处理的原则是指处理旅游纠纷过程中所必须遵循的基本准则。

旅游纠纷各式各样，其产生的原因、纠纷的大小、造成影响的程度都不相同，因此，对纠纷处理的方式和方法也可能不同。但是，这不等于旅游纠纷处理就没有任何共性可言，这些共性就是旅游纠纷处理的基本原则。掌握这些原则，有助于我们掌握解决旅游纠纷的基本方法，避免在纠纷到来时无所适从或举止失当。

在旅行社中，多数情况下是导游人员与游客直接接触，导游人员对纠纷的处理基本上就是旅行社对纠纷的处理。因此，本章以介绍导游人员对旅游纠纷的处理为主。实际上，导游人员对旅游纠纷的处理方式同样适用于旅行社。

一、和解原则

旅游纠纷产生以后，旅行社和导游人员首先应该想到的是尽量和解。不管纠纷产生的原因如何，不管哪一方有道理，产生了纠纷对旅行社、对游客都是不利的，若任凭纠纷扩大就更不利了。和解能最大限度地消除矛盾、解决纠纷。而且，在所有解决纠纷的方式中，和解是最简便易行、成本代价最低、最容易为各方接受的方式。古代著名军事家孙子说："不战而屈人之兵，善之善者也。"旅游纠纷不是战争，但如果纠纷双方能坐下来平心静气、互相体谅地解决纠纷，这无疑是对双方都有利的结果。

当然，不是所有的纠纷都能和解，比如涉及刑事犯罪的纠纷就不适用和解。

二、退让原则

旅游纠纷往往产生于各人对同一事情的不同理解，所谓“公说公有理，婆说婆有理”，这是很正常的现象。在旅游途中，游客与导游人员产生意见分歧也是常有的，这时导游人员的明智选择是不予计较，尽量退让。这主要是因为：

(1)导游人员是旅游者旅游生活的服务员，肩负着提供符合游客要求的旅游服务的工作职责，应体现出较高的服务素质和服务诚意。导游人员有责任充分满足旅游者的需要，也有责任消除游客出现的不满情绪。

(2)在导游人员与游客的交往过程中双方地位是平等的，但导游人员的角色毕竟不同于游客。导游人员是有着旅游专业知识的专业人士，对整个行程的安排有更多的了解，对旅游纠纷的处理也比游客有更多的主动权，导游人员与游客的关系是否融洽，导游人员的行为起着主导作用。导游人员主动退让，甚至“有理也让三分”，能在游客面前起到良好的示范作用，为解决纠纷、化解矛盾做好铺垫。

(3)在面临纠纷时，如果导游人员与游客针锋相对、锱铢必较，其结果必然是两败俱伤。即使导游人员争赢了，也可能招致游客更多的对立，对工作也未必有利。

因此，为了工作，为了旅途的顺利，导游人员应有退避三舍、代人受过的大度和勇气，要坚信“退一步，海阔天空”。当然，导游人员的退让还应掌握一个度，在原则性问题上，导游员不能退让。

[案例1]

北京一家旅行社接待了一个来自河南的旅游团，在行程中有一项安排是参观碧云寺。当导游员(地陪)带着游客来到香山公园门口时，问题出来了。原来，碧云寺是香山公园的园中之园，进碧云寺要凭香山公园的门票。一般情况下，旅游团都是香山、碧云寺一起游览，所以不存在不买香山门票的问题，而眼下这个团只游碧云寺，不游香山，但不买香山门票就无法游览碧云寺。导游人员请示社里，得到答复是，根据合同，香山门票的钱应由游客承担。而游客一听到要收钱，立即就嚷嚷起来：“我们不是来游香山的，为什么要买香山门票?”“你们早知道实情，故意先收碧云寺的钱，然后再收香山的钱。”有的游客还指着导游人员的鼻子说导游人员是骗子。而恰恰此时，最知道内情、本可站出来做出解释的全陪又不在，这可难住了导游人员。

最终导游人员做出了这样的选择：先自己垫付门票的钱，带着游客游览碧云寺，不仅如此，还顺便带游客游览了一下香山。导游人员的行为赢得了游客的信任，后来在全陪的解释下，终于分清了责任，事情得到了妥善解决。

[案例2]

小张是一位刚从学校毕业的女导游人员，有一次带团的时候，旅游车上几位男游客要求小张讲几段“黄色”笑话以活跃气氛。小张对游客解释说自己不会讲这类笑话，主动为大家唱了几首歌。几位男游客见未能达到目的，对导游人员心生不满。到达目的地后，其中一位男游客发现自己的手机不见了，怀疑是导游员小张拿错了，要检查她的包，并让一女游客对她搜身。从未经历这类事情的小张不知如何是好。为了尽快将问题解决，也为了维护自己的清白，小张最终同意了那位游客的要求。

在第一个案例中，导游人员的确面临着两难选择。买门票有可能自己要垫付门票钱，不买门票又将耽误行程。但导游人员没有针锋相对地与游客争执，而是选择了退让，自己先垫钱买门票，使纠纷迎刃而解。试想，如果当时双方互不相让，以致耽误时间，影响行程，将引发一连串的反应，小纠纷必将引发更大的纠纷，这是旅行社和游客都不愿看到的。因此，当纠纷出现时，无谓的争执是没有用的，此时导游人员不妨想想自己能不能先退一步，从游客的角度考虑一下问题，往往能做到双赢。

在第二个案例中，导游人员小张拒绝讲“黄色”笑话是对的，而且，她还应该理直气壮地拒绝那位游客提出的搜身的要求。在这一涉及人格尊严和人身安全的问题上，导游人员不应迁就和退让。若游客纠缠不放，导游人员可以报警。

三、及时性原则

纠纷的产生也有一个由小到大、由不激烈到激烈的过程。纠纷越小，解决起来越容易；纠纷越大，解决起来就越复杂。一旦有纠纷发生，导游人员要在第一时间和第一现场及时解决，不要养痈遗患。最忌的是反应麻木、迟缓，以至错过及时、彻底解决纠纷的机会。

［案例］

导游人员小丁接待了一个由散客拼起来的旅游团，整个上午，行程都很顺利，游客也很配合。临近中午，旅行社通知小丁原地等待，接4名客人上旅游车。原来这4名客人是该旅行社另一个导游人员带的，中途他们掉了队，由于小丁这台车上还有空位，旅行社要求小丁把这4人带上。因为等这4人上车耽误了一些时间，车上的游客已有不少怨言。在随后的旅游过程中，这4名游客总是拖拖拉拉，影响了整个团队的行程。在还剩两个景点的时候，小丁强调大家4点必须准时上车，否则就赶不到下一景点。可是等到了4点时，其他人都到齐了，又差这4个人。这下大家火了，要求小丁不再等他们。小丁先是安抚了一下游客，自己立即下车找人。原来那4位游客在景点门口买当地特产，由于存货不够，卖货的人回家拿去了，那4位游客已付了钱，要等待拿货。小丁回到车上安慰游客，但车上的游客早就按捺不住了，纷纷指责导游人员。等那4位游客上车时，已比预定时间晚了半小时。车上游客和他们大吵了一架，这一吵又耽误了一些时间。结果到达最后一个景点时，景点大门已关，最后一个景点没有看成。旅行社退回了这一景点的门票钱，即使如此，还是有游客投诉了这家旅行社。

在这个案例中，小丁的错误是一直迁就本就做得不对的少数4个人。这4人拖拖拉拉的习惯早有表现,但小丁没有及时指出,也没有采取任何防范措施。在很可能要影响下一景点的情况下,导游人员小丁没有当即采取措施制止这4名游客的拖拉行为,反而总是在车上安慰准时到达的游客。最后不仅导致了游客间的冲突,还影响了行程,给旅行社的声誉带来了不良影响。

四、协调性原则

纠纷的解决有赖于与其他部门和人员的协调,旅行社和导游应有意建立与其他部门、人员的良好协作关系,这对纠纷解决非常有益。

(一)旅行社与协作部门的协调

旅行社组织的旅游活动往往涉及吃、住、行、游、购、娱等诸多要素,哪一个要素都有可能产生旅游纠纷,有些旅游纠纷并不是旅行社的责任,但由于游客是与旅行社签约的,旅行社有责任处理和解决纠纷。

在解决纠纷过程中,旅行社要及时分清各方责任,与旅游服务的相关供应部门,如交通、餐饮、景区景点、商场等做好沟通和协调工作,很多情况下还要取得相关部门的配合才能有效解决纠纷。比如,车船晚点、餐饮不合标准、住宿条件差等这些常见的导致旅游纠纷的因素都与旅行社的协作单位有关,要解决这些纠纷,单靠旅行社的力量恐怕不行。为避免出现纠纷后各协作单位敷衍、推诿,提高纠纷解决的效率,旅行社在选择协作单位时就应以书面合同形式确定各自的权利义务及纠纷的解决途径和方式,还可以要求协作单位为解决纠纷提供必要的方便。当然,更多的协调工作还要旅行社根据实际情况灵活处理。虽然这些协调并不一定都有效果,但只要是为了工作,为了游客的利益,我们的努力终究会被协作单位所认同。

[案例]

一旅行社接待了一个旅游团游三峡,从重庆上船,顺流而下,至武汉上岸。如果行船正常,到武汉的时间应是中午1点,而旅游团要赶下午5点的飞机。当时旅游团领队对旅行社的计划安排表示过疑虑:时间这么紧,万一误机怎么办。旅行社方面也知道这样的安排有点风险,但认为值得一试。结果,领队的担心成了现实。由于游船晚点,已不可能正点到达武汉。旅行社只好与游船协商,游船同意旅游团提前下船,乘车赶往武汉。尽管旅行社承担了租车费用,但游客对这一变故仍然意见很大。谁知祸不单行,由于大雨,加上临时租用的车性能不好,又时常碰上堵车,误机几乎不可避免。游客见状纷纷指责旅行社和导游人员,局面已难控制。在这种情况下,导游人员没有放弃努力。她一方面安抚游客,另一方面请社里协助联系下列事宜:为游客预订盒饭(下车吃饭已不可能);与航空公司协商推迟飞机起飞时间;与游船公司联系,请他们安排游客误机后在武汉的住宿及次日的机票;与下一站地接社沟通,告知可能的变化。这其间导游人员还做了一件被证明起了关键作用的事情:她将对面驶来的警车拦下,说明"窘况",请交通警察帮助驶离堵车地段。交通警察被说服了，车子很顺利地驶离堵车地段，到达机场已近5点。这时又一个好消息传来，航空公司同意延迟起飞。旅行社终于以较小的代价，解决了一场旅游纠纷。

在本案例中，旅行社的协调工作就做得非常好：先是与游船公司协调，及时下船改乘速度更快的汽车；再与航空公司协调，使飞机延迟起飞；与游船公司协调住宿及机票事宜；与下一地接社协调可能的计划变更；导游人员甚至说服了交通警察，帮助旅游团赢得时间。可以说，旅行社及导游人员没有放弃任何一个可能的机会，体现了较高的解决纠纷的能力。

（二）导游服务集体间的协调

导游人员的工作具有相对独立性，但很多情况下导游人员并不是单枪匹马。导游人员有地陪、全陪、领队之分，三者共同组成了导游服务集体。出入境旅游中，领队是客源地组团旅行社委派的代表，全陪是旅游目的地组团旅行社委派的导游人员，地陪则是旅游目的地地接旅行社委派的导游人员；国内旅游一般没有领队，有的话也多由旅游者代表充当，全陪是组团旅行社委派的导游人员，地陪是地接旅行社委派的导游人员。在实际接待过程中，地陪、全陪和领队有时只有一个在场，但很多情况下两个或三个同时在场，共同担负着为旅游者服务的任务。当纠纷发生时，导游服务集体之间的支持配合、分工协作对纠纷的解决起着重要的作用。

首先，导游服务集体之间有较好的协作基础。地陪、全陪和领队虽然代表不同的旅行社，有着各自的利益，但他们有着共同的服务对象和共同的服务目标，都不愿意看到纠纷出现和扩大。其次，导游服务集体之间的协作有利于纠纷的快速解决。地陪、全陪和领队的协作有利于分清是非曲直，明晰责任。而且，三者间的良好协作有利于统一游客的认识，增强导游行为的可信度。试想一下，如果一个旅游团中，全陪、地陪号令不一、互相拆台，别说解决纠纷了，他们本身就在制造纠纷。

五、补偿性原则

出现旅游纠纷后，如果旅行社的接待工作存在过失，旅行社应考虑给予游客必要的补偿，这对及时消除纠纷是有益的。补偿的方式可以灵活多样，如加菜、免费提供酒水、增加景点、提高住房标准、退还部分团费、减免一定的服务费等。旅行社提供的补偿应视旅行社的过错程度和带来的损失而定，不一定要很多。因为补偿本身不是主要目的，主要目的是体现旅行社的服务诚意和对错误的认识。旅行社的补偿还应做到快速、及时，这也是服务诚意的体现。有时，旅行社可能并不存在错误，但为避免争执和矛盾激化，旅行社力所能及地提供一些补偿也未尝不可。

[案例]

一天，导游人员小何像往常一样带领一个旅游团到旅行社常去的一家餐馆用餐，上菜时，小何绕着餐桌走了一圈，没有看出什么异常。于是到自己的位置上去吃工作餐。突然，听到几位游客在餐厅里大声说道："这也叫菜吗，叫我们怎么吃?”“导游员竟然让我们吃这样的菜,真是黑了心。”小何赶紧走过去问,一位游客说饭菜质量太差,另一位游客指着一盘辣椒炒肉说:“一盘菜只看到辣椒,这哪是辣椒炒肉?”小何多次带团在这个餐馆用餐,饭菜标准一样,今天也并没有降低标准,但小何还是决定让餐馆重新换了一份“辣椒炒肉”,还为每桌另外加了一道菜,提意见的游客终于安静了下来,一场纠纷得到化解。

在此案例中,导游人员小何以较少的补偿换来了纠纷的解决,应该说是一个明智之举。由于每个人对饭菜质量的期望值可能不一样,因此,旅游途中关于饭菜质量的纠纷永远难以平息。导游人员处理这类事情,能模糊就模糊,不必与游客争论饭菜质量的高低、团费是否合理。因为争执的结果必然是纠纷的升级,这是旅行社和导游人员不愿意看到的。

六、合法性原则

旅行社和导游人员解决旅游纠纷有一条底线,那就是法律法规的规定。无论采取什么方式解决纠纷都不能违反法律,否则就要承担相应的责任。合法性原则的另外一层含义是指纠纷双方在权利义务的分配上要符合法律的规定,否则也要承担相应的责任。如:旅行社向旅游者提供的旅游服务信息应当真实可靠,旅行社应当按合同的约定向旅游者提供旅游服务;旅游者应当支付旅游费用,旅游者应妥善保管自己的行李物品,旅游者应当按照合同约定完成旅游行程,等等。

[小思考]

导游人员能不能以下列方式解决纠纷?

(1)导游人员与游客发生争吵,导游人员一气之下离开旅游团,自己躲到一边散心去了。

(2)游客拒绝下车游览自费项目,导游人员一气之下锁上车门,游客被关了2小时。

(3)旅行社接到旅游者的投诉状后,既不调查核实,也不移送旅游投诉管理机关。

(4)导游人员与游客约定,旅游途中游客受到一切伤害,旅行社概不负责。

(5)一游客发现自己的钱包被盗,导游人员劝他息事宁人,以免耽误行程。

(提示:导游人员以这些方式解决纠纷都是不被允许的。1. 导游人员擅自中止导游员活动,这是《导游人员管理条例》所明确禁止的行为。2. 导游人员无权限制游客的人身自由。3. 根据《旅游投诉暂行规定》,被投诉者接到投诉状或者口头投诉,应当调查核实,与投诉者自行协商解决纠纷;不能自行和解的,应当及时移送旅游投诉管理机关,由旅游投诉管理机关审查处理。4. 旅行社应保证所提供的服务符合保障旅游者人身、财物安全的要求,除了具备免责条件,旅行社应承担游客受到伤害的责任。5. 发生盗窃案件,导游人员应劝游客报警。)

第二节 旅游纠纷处理的程序和技巧

一、旅游纠纷处理的程序

虽然旅游纠纷多种多样,纠纷处理也没有固定的模式,但如果我们事先了解掌握了纠纷处理的一般程序,然后以这一程序为基础,根据旅游纠纷的实际进行调整,无疑能够提高纠纷处理的效果。旅游纠纷处理一般可遵循下列程序:

(1)调查核实。要处理纠纷首先要了解纠纷,包括纠纷的起因、实质,纠纷的大小、规模、影响等。

(2)消除纠纷产生的源头,改正工作中的错误。知道了纠纷的起因后,应想办法消除引起纠纷产生的因素。这可以避免纠纷的扩大,甚至可以直接消除纠纷。如果纠纷是因为导游人员工作失误造成的,应立即改正这些错误。

(3)争取和解。纠纷无论大小、谁对谁错,旅行社都应努力争取和解。为此,旅行社和导游人员应主动与游客协商,必要时应采取一些让步措施,如道歉、补偿、满足游客的要求等。如果协商不成,还可考虑请第三人调解。

(4)就可能的后果做好应对准备。旅游纠纷不是都能和解,旅行社和导游人员要敏锐地推断旅游纠纷可能带来的不良后果,并做好应对准备,最大限度地避免和降低损失。

(5)注意收集保留证据。纠纷若不能得到及时解决,旅行社有可能要被投诉、被起诉,或者面临仲裁机构的仲裁。因此,旅行社和导游人员应尽量收集和保管好有关旅游纠纷的任何证据,如旅游合同、意外事故的证明、不可抗力的证明、游客对改变旅游行程的书面意见、可能成为证人的游客或第三人的电话和地址、目击者的书面证明材料等。这些证据对维护旅行社和旅游者的合法权益能起到重要的作用,同时,也有利于相关机构正确地处理纠纷。

二、旅游纠纷处理的技巧

处理旅游纠纷应掌握必要的技巧,这些技巧有助于我们快速解决纠纷,消除纠纷带来的不良影响。

(一)善于个别沟通

无论什么样的旅游纠纷,都有一个产生、发展的过程。旅行社或导游人员应善于把矛盾解决在萌芽状态。这不仅省时省力,还可最大限度地减少旅游纠纷带来的不良影响。要做到这一点,旅行社或导游人员就应当学会与游客进行个别沟通,这是解决纠纷的一种非常省力且有效的方式。

一旦有旅游者投诉或表现出不满情绪，导游人员应寻找机会主动与其沟通，这有助于导游人员发现纠纷的苗头，及时采取相应的措施。沟通时尽量避免别的游客参与进来，人一多，容易造成局面失控，双方无法平心静气地交谈，不利于解决矛盾。与游客沟通时，导游人员要面带微笑，认真地倾听旅游的诉说。即使游客有过激言论，导游人员也应保持头脑冷静，不要急于辩解或马上否定，更不得与游客发生争执。要知道，游客的叙述本身就说明游客有化解矛盾的愿望，且游客的叙述有利于缓和游客的激动心情，有利于导游人员了解投诉原因。

听完游客叙述后，导游人员要认真分析游客所讲的内容，提出解决问题的方案。如果游客所诉的问题涉及多个接待部门和接待人员，导游人员不要轻易表态和下结论，因为许多细节还需要核实。若导游人员没有确定的把握，可以给予策略一点的答复，如"请给一点时间了解一下""让我先和有关部门联系一下""请放心，我会尽快答复"等。

下一步，导游人员就应立即对有关内容进行核实，以便尽快答复旅游者，积极弥补，继续服务。若游客投诉的内容有根有据，导游人员应向游客道歉，并对服务缺陷迅速进行弥补或改正，必要时适当补偿，最大限度地尽快消除投诉者的不满与对抗。如投诉与事实不符甚至是无理时，导游人员应向对投诉者做认真解释，并指出其要求的不合理性。

[小资料]

一般来说，旅游者投诉有三种心理：一是要求得到尊重；二是要求补偿；三是需要发泄。导游员事先了解了投诉者的心理状态，有利于提出有针对性的处理方案。但无论导游人员怎样处理投诉，都应体现下面一些原则：高度重视；尊重投诉者；态度诚恳；积极改正。

（二）绝不轻言放弃

在旅游过程中，旅游双方或第三方的过错行为或者一些意外事件都有可能导致纠纷。导游人员应认真分析导致纠纷的原因，想方设法将这一原因消除，只要消除了原因，纠纷再大，也可迎刃而解。有许多纠纷看起来是无法解决的，但只要我们有足够的韧性和细心，总是能找到消除或减少纠纷的良策。我们始终要坚信：办法总比困难要多。只有还有一线希望，就要投入百分之百的努力，绝不能轻言放弃。

[案例]

导游人员小王曾遇到过这样一件事，她带团离开饭店时，一切都收拾好了，行李也已点清并安排饭店送到机场。但当团队到达机场时，发现行李并未跟来。小王马上与饭店取得联系，才知行李还在饭店，虽然饭店答应火速将行李送来，但离飞机起飞只剩1小时，即使行李送来了，也难以送上飞机。游客知道这一消息后，纷纷指责小王工作粗心，有几位游客还表示要投诉她。小王也是心急如焚，她深知行李与游客分离将带来种种不便和可能带来一连的串严重后果，决定无论怎样都要想办法让行李上飞机。在离飞机起飞不到15分钟的时候，行李终于送到了，通过机场工作人员将行李送上飞机已不可能，小王径直来到飞机场的卫星厅，在该次航班的登机口，拿起入口处工作台上的对讲机，直接与该次航班的飞行员讲话，请求飞行员同意让她把游客的行李送上飞机，“让游客的行李和主人一起起飞”。飞行员被她感动了，同意了小王的要求，并和机场人员进行了协调。游客的行李终于上了飞机。一场纠纷得到圆满解决。

本案例中，小王自然可以把责任推给饭店，但游客不管这么多，他们要旅行社承担责任。而且，小王的确有粗心大意的过失。就在看来纠纷已经产生、损失无法避免的时候，小王的坚韧不拔和机敏灵活终于使几乎不可能解决的难题解决了。这一案例无论是对旅行社还是对导游人员都是一个很好的启示。

（三）以诚心感动游客

旅游过程中难免会遇到各种突发事件，引起游客的不满。这时候，导游人员应尽量想办法消除不良事件的影响，满足游客的需求。在游客最需要导游人员帮助的时候，游客自然关心导游人员能为他们做什么，但他们首先关心的是导游人员愿意为他们做什么。尽管不是导游人员的所有努力都能达到游客的要求，但导游人员的辛勤工作和为游客服务的诚意有时也能春风化雨，将纠纷消除。

值得注意的是，导游人员的诚心应当通过恰当的方式表现出来，比如，让游客亲眼看到你的所有努力，或让游客切身感受到你的焦急等，这是因为，游客看不到导游员是怎样想的，只看得见导游人员是怎样做的。

［案例］

导游人员小韩曾遇到一件让人意想到不到的难题。他带着游客游览了一天，回到酒店时已经是晚上6点多钟。时值盛夏，这时游客最盼望的是回房间舒舒服服地洗一个澡，然后去餐厅享受晚餐。但游客进了房间才发现酒店竟然没有电，也没有水。小韩一打听才知道：供电部门在附近施工时不慎挖断电缆线，造成酒店停水停电，酒店方面正在协调。由于当地正值旅游旺季，换酒店根本不可能。小韩只好到各个房间去向游客道歉，做好安抚工作，并动员游客先吃饭，吃完饭后又安顿游客回房休息。时间一点一点地过去，游客的耐心也逐渐消失，有的要投诉，有的要退房。小韩看在眼中，急在心里，他一方面与饭店经理交涉，另一方面不断游走在各个房间道歉、安抚，还为每位游客买来冰矿泉水，要酒店方面给游客送来蜡烛。当了解到游客最希望有一些冷水能擦洗汗渍的时候，小韩又和酒店服务员一起，从其他地方打来自来水，一盆一盆地分配到各个房间。游客看见导游满身是汗，忙上忙下，都不再抱怨，有的还主动帮助导游人员送水。到晚上11点左右，终于通水通电了。事后游客也没有再提投诉的事。

在本案例中，星级酒店停电停水的情况的确很少见，导游人员对这样的事不可能事先准备。在无法更换酒店的情况下，导游人员自始至终与游客在一起，履行着自己的服务职责，力所能及地为游客解决各种问题，以自己的诚心感动了游客，以平凡而真诚的行动化解了一场几乎无法化解的纠纷。

（四）学会微笑

面带微笑是热情友好的外在表现之一。作为导游员，应学会面带微笑地面对游客。因为微笑能表达导游人员对远方客人的欢迎、对旅游者的关爱，同时也能反映导游对自身职业的热爱、对工作的责任感和对做好工作的充分自信。导游员的微笑能感染游客，能获得游客的认同，即使工做出现一些不尽如人意的地方，也容易得到游客的谅解。因此，微笑对导游人员来说不是单纯的礼貌问题，还涉及导游人员的职业道德和服务技能。

微笑服务是导游服务的常态，即使是面临纠纷时，微笑服务有时也能起到意想不到的作用。纠纷的出现总是一件不愉快的事，谁也不希望看见纠纷。但遇到纠纷或难题就愁眉紧锁、无所适从，这无益于纠纷的解决，有时还会激化矛盾、扩大纠纷。聪明的导游人员，在极度困难的时候，也能保持良好的心态，微笑地面对困难。这种微笑，首先能够影响游客，化解游客的对立情绪；这种微笑还能影响导游人员自身，使导游人员的言语和行为不至于过激。而如果矛盾双方都能保持克制，纠纷的解决就不难了。

（五）学会拒绝

纠纷的产生几乎总是要伴随着争执，但越争执纠纷就越难以平息，而且还易使纠纷升级。因此，聪明的导游人员总是想方设法避免与游客正面争执。为此，导游人员必须学会如何委婉地拒绝游客。

一般来说，导游人员不要轻易对游客说“不”，即使在不得不说“不”的时候，也要避免让客人陷入尴尬境地，这时导游人员不妨这样做：(1)微笑不语。直截了当地拒绝虽然省事，但很容易让人感到不舒服，从而增加对立情绪，不利于纠纷的解决，导游人员尽量避免这样做。当我们不得不拒绝的时候，笑而不答是一个不错的选择。(2)先是后非。在拒绝前，导游人员可肯定游客要求中合理的方面，然后再提不合理的或必须拒绝的方面，先肯定再否定，这必要的过渡不至于使客人太难堪。(3)顺水推舟。抓住游客要求中显然难以满足的某一点为拒绝理由，得出拒绝的结果。(4)避重就轻。当不能满足游客的要求时，导游人员可有意回避游客的要求，而回答另一个游客没有提但可以得到满足的要求。

（六）学会自信

自信的导游人员也容易得到游客的信任，一旦发生纠纷，游客的这种信任自然有利于导游人员解决纠纷。导游人员如果不自信，会让游客感觉导游人员没有能力或不愿承担责任，从而对导游人员的服务水平抱有疑问。如果出现纠纷，游客自然也会怀疑导游人员解决纠纷的能力。在这种情况下，导游人员要解决纠纷就困难了。

[小思考]

小王是一位刚刚考取导游证的新导游人员。每次上团的时候，他为了表示真诚,同时也为减轻自己的心理压力,他都向游客表明自己是一位新导游人员,有不足之处多多谅解。

你觉得小王有必要这样做吗?

(提示:在游客并没有关心小王是不是一个新导游员的前提下,他主动承认自己是新导游员,不足之处还请游客谅解,这很容易让游客理解成他们的导游员不自信,或不愿承担责任,进一步会认为导游人员缺乏能力。作为导游员,应把注意力集中到提供完美的服务上,充分展示自己的优点,让游客相信:站在他们面前的导游员是一位好导游员。)

(七)善于抓住主要矛盾

旅游纠纷的产生总是有很多因素,有的因素是主要的,有的因素是次要的。导游人员要善于抓住主要矛盾,优先解决主要矛盾,这样其他矛盾也就容易解决了。主要矛盾解决不了,很可能导游人员的一切努力都将白费。同理,在游客当中,有的人有很强的影响力,他们的一举一动、一言一行都对其他游客有号召力。对这样的游客,导游人员要予以特别关注,经常主动与他们沟通、征求他们的意见,尽可能尊重他们的主张,这对解决旅游纠纷是非常有利的。

[案例]

有一次,北京一家旅行社的导游人员小李接待了一个来自东南亚国家的旅游团。开始几天非常顺利,游客对小李的服务给予了高度评价。行程的最后一天,早上临出发前,有一位游客提出了一个要求,想看一看中国的国宝大熊猫,他的要求得到其他游客的热烈响应。如果游客早一点提这个要求,小李会毫不犹豫地满足他们,但在要走的当天才提出来这个要求,显然太晚。当天的行程早已确定:上午游天坛,中午12点吃饭,1点去机场,赶下午4点的出境航班,时间已很紧,且沿途许多路段都有堵车现象,安排动物园的景点几乎不可能。因此,小李明确拒绝了游客的要求。谁知游客的态度异常统一和坚决,大有不看大熊猫就不上车的架势。这下小李为难了,征求全陪意见,全陪也认为不能更改行程,认为那样太冒险。小李好说歹说,终于让游客上了旅游车,但游客全没有了昨天的兴致,一个个无精打采。几位年纪大的游客说他们可能再也没机会看大熊猫了,请小李无论如何满足他们的要求。小李被他们感动了,同时也意识到不看大熊猫,这些游客是不可能满意此次旅游的,于是同意了游客的意见。小李立即对整个行程做出调整,压缩天坛的游览时间,去动物园只待15分钟,取消午餐预订,以面包、饼干作为午餐。当然,小李没忘记让游客写下书面保证,因改变行程而误机的责任由游客自行承担。由于计划得当,准备充分,游客不仅看到了大熊猫,也顺利地赶上了下午的飞机。

本案例是关于改变行程的纠纷。虽然这次改变行程的要求是游客一致提出来的,但游客提得太晚,临时增加景点存在很大风险。因此,小李不愿增加景点是可以理解的,也说得过去。但是,游客看大熊猫的决心很大,也就是说,此时的主要矛盾是能不能看到大熊猫,而不是能不能按计划游览。游客的注意力也集中在大熊猫上,而不是天坛的游览时间是否足够、午饭是否吃好、沿途是否太劳累,有的游客甚至不惜为此误机。在这种情况下,如果不安排看大熊猫,小李这几天的服务再周到再细致,游客也会在心中留下遗憾,而且,拒绝游客的要求也有悖于导游为游客提供热情周到服务的宗旨。事实证明,小李的选择是正确的,他抓住了问题的主要矛盾,满足了游客最迫切的要求,赢得了游客的赞赏。

关键词汇

旅游纠纷处理的原则　和解原则　退让原则　及时性原则　协调性原则　补偿性原则　合法性原则

经典案例

一

2007 年 1 月,某旅行社组织一批游客在海南一著名的海滩旅游区游玩。海滩边放了许多坐椅,是某潜水俱乐部放在那用来出租给游客的,旁边还竖立了一块牌子,上面写着收费标准。在自由活动时间,一游客走累了,就在身旁的椅子上坐了下来,由于操作不当,被坐椅挤伤了手指。潜水俱乐部工作人员将其送到医院治疗,并表示愿意与该游客协商解决此事。但该游客认为,旅行社没有为游客提供安全的旅游环境,旅行社应为他的受伤承担责任,因此,他拒绝了潜水俱乐部的协商要求,对导游人员表示,回家后要投诉旅行社。

请问,你觉得游客的想法对吗?如果你是旅行社导游人员,你将如何处理这一纠纷?

分析:在旅游过程中,类似的情况经常发生。在涉及赔偿时,游客往往也会想到向与其有明确合同关系的旅行社主张权利,这种主张有时是对的,有时是错的。本案中这位游客的主张应该说是错误的。这是因为:(1)损害发生在游客的自由活动期间;(2)椅子不是旅行社管理之下的,出租椅子是潜水俱乐部的经营行为,游客从旁边竖立的牌子就很容易分辨出来,无须导游提醒;(3)旅行社没有组织游客坐椅子,坐椅子是游客自主决定的行为;(4)导游人员带游客去的是一个正规的旅游区,旅行社在游客自由活动期间不可能限制游客在旅游区的自由行动,游客有完全的民事行为能力,完全有能力做出正确的行为选择。因此,旅行社并没有违反旅游合同的约定,不存在违约;游客的受伤不是旅行社造成的,旅行社不存在该事故的过错,因此旅行社不存在侵权。

作为导游人员,可以重点从法律的角度给游客做出必要的解释,指导游客做出正确选择,如果导游人员将下面的话告诉游客,游客应该不会想到回家后再投诉旅行社了:(1)如果是旅行社的责任,旅行社会及时做出赔偿,但此次事故的责任不在旅行社,投诉旅行社不会有效果;(2)此次事故的侵权人是潜水俱乐部,游客应与潜水俱乐部协商解决此事,导游人员会提供必要的帮助;潜水俱乐部也有协商处理的意愿,这说明协商解决有较好的基础。协商不了时,还可以向当地法院起诉;(3)游客也存在过失,如违反景点告示,擅自使用对方的收费坐椅;(4)对本案来说,无论是起诉潜水俱乐部还是投诉潜水俱乐部,都要在当地进行,回家后,纠纷处理的成本更大,因此,最好的办法是在当地协商解决。

二

某日,导游人员带着一个旅游团在颐和园游览,当天是假日,颐和园内游人如织。一个小孩儿说口渴了,硬要他妈妈带他去买饮料。这位女游客见导游人员一直在讲解,估计短时间内团队不会移动,于是快速带着小孩儿去找冷饮店。这一对母子买到饮料回来时,发现团队已不见踪影。女游客慌了神,带着小孩儿四处找自己的团队。此时,导游人员也发现这对母子没有跟上,立即发动几位游客和他一起寻找这对母子,由于这对母子已移动了位置,找起来颇费了番周折。导游人员走遍了整个颐和园,终于将这对母子找到。这位女游客可能是受了惊吓,见了导游人员就破口大骂,任凭导游人员如何解释、道歉都无济于事。到晚上吃饭时,女游客还不肯善罢甘休,在餐厅里当着众人的面开始讲述当天走失的遭遇和痛苦的感受,直到讲得声泪俱下。同一团队别的游客被这一情景惊呆了,在一边安静地听着。大厅中还有许多别的团的游客,他们纷纷指责导游人员不负责任,声援这位女游客。

请问,如果你是这个团的导游人员,你该怎么做?

分析:旅游途中,游客有义务配合导游人员的统一管理。本案例中,女游客趁导游人员在讲解的时候,带着小孩擅自离团去买饮料,是造成走失后果的主要原因。导游人员在发现游客走失后,立即发动游客寻找,并最终将女游客找到,导游人员应该说是尽了责任的。但是,游客毕竟受到了惊吓,由此产生的一些过激言行,导游人员也应予以充分谅解。因此,当女游客在餐厅宣泄对导游人员的不满时,导游人员最好坐在一边静静地听,也可劝说女游客先吃饭,有问题饭后再谈。千万不可与她摆事实、讲道理,一争高低,这不仅不能解决纠纷,还将激化矛盾,使纠纷更难解决。事实上,本团队的游客并没有在一旁附和女游客,这就是对导游人员的无声的声援。其他团队的游客不知内情,导游人员对他们的指责也不必生气。当游客说够了、说累了,她自己会停下来。这时导游人员可以请其他游客做一些适当的劝说和解释。

总之,对女游客的这一行为,导游人员应保持退让、克制,这是导游人员应有的气度,这也是解决这一纠纷的最好方式。

思考与训练

1. 处理旅游纠纷应遵循哪些原则?

2. 在旅游纠纷产生后,为什么导游人员应多作退让?

3. 如何理解处理旅游纠纷的协调性原则?

4. 旅游纠纷处理一般有哪些程序?

5. 处理旅游纠纷应掌握哪些技巧?

6. 导游人员如何与游客个别沟通?

7. 微笑服务对解决旅游纠纷有何作用?

8. 如何理解解决旅游纠纷要抓主要矛盾?

9. 课堂讨论:我看处理旅游纠纷的技巧。

10. 实践训练:设想一些常见的旅游纠纷,如导游服务质量差、游览时间缩水、减少景点、增加购物等,如果你是导游人员,你将如何处理这些纠纷?

第七章　解决旅游纠纷的方式

本章导读

旅游纠纷产生以后终归要解决，协商、调解、投诉、仲裁和诉讼是目前解决旅游纠纷的主要方式，本章结合实践，对这5种方式都做了较详细的介绍。在面临纠纷的时候，旅行社可根据实际情况选择最合适的纠纷解决方式，在选择时既要能切实解决纠纷，又要考虑到解决纠纷的成本。当然，旅行社也可能因遭到旅游者的投诉或起诉而被迫通过这两种方式解决纠纷。

第一节　旅游纠纷的协商和调解

一、旅游纠纷的协商

旅游纠纷的协商是指旅游纠纷的当事人对纠纷所涉及的权利和义务共同商量，以便取得一致意见。协商是和解的前提，没有协商就不可能有和解；和解则是协商要实现的目标，是协商的首要目的。

毫无疑问，在所有的解决纠纷的途径中，协商是最简便、成本最低的方式，多数旅游纠纷其实是在双方协商中缓解或解决的。旅行社应充分重视协商对解决旅游纠纷的重要作用，调动一切可调动的因素，尽量争取通过协商的方式解决纠纷。

协商是纠纷双方基于平等地位而产生的自愿行为，并没有统一规定的模式。旅行社或导游在就旅游纠纷与游客协商时应注意以下几点：

（1）纠纷双方的地位是平等的，旅行社或导游即使认为自己绝对正确，也不能就此以势压人、颐指气使。

（2）旅行社或导游应表现出协商的诚意，如主动与游客接触、主动道歉、尽量满足游客的要求、做出尽可能的退让等。

（3）应恰当把握协商的时机。一般来说，协商宜早不宜迟。在纠纷矛盾尚未公开化之前，主动进行个别协商效果会更好。

（4）协商同样应做到以理服人。在协商中对责任、义务的划分同样应尊重客观事实，并符合法律法规的规定。

二、旅游纠纷的调解

当旅游纠纷不能通过自行协商解决的时候，旅行社可考虑采用另一种简便易行的解决纠纷的方式，那就是调解。

（一）旅游纠纷调解的概念

旅游纠纷调解是指旅游纠纷当事人在第三方主持和协调下，就旅游纠纷进行协商，从而解决旅游纠纷所进行的活动。调解的主持者可以是人民调解委员会、消费者协会、仲裁机构，可以是行政机关，也可以是双方当事人所信赖的公民个人。

调解与协商有许多共同点，如都是自愿基础上进行的，都需要双方当事人的协商同意达成协议。但调解是在第三方主持下进行的，而协商无须第三者介入，这是调解与协商最大的区别。

[小资料]

人民调解委员会

根据《人民调解委员会组织条例》（国务院1989年6月17日颁布实施），人民调解委员会是村民委员会和居民委员会下设的调解民间纠纷的群众性组织，在基层人民政府和基层人民法院指导下进行工作。人民调解委员会由委员3至9人组成，人民调解委员会委员除由村民委员会成员或者居民委员会成员兼任的以外由群众选举产生，每3年改选一次，可以连选连任。人民调解委员会的任务为调解民间纠纷，并通过调解工作宣传法律、法规、规章和政策，教育公民遵纪守法，尊重社会公德。

人民调解委员会调解民间纠纷不收费。

（二）旅游纠纷调解的优缺点

以调解方式解决纠纷有许多优点：

（1）程序灵活简单，能提高纠纷解决的效率。

（2）成本低廉，最大限度地避免损失。

（3）有利于当事人权利义务的实现。因为调解的结果是基于当事人的意愿，因而更易于被双方所接受，在履行调解协议时相对而言也较为顺利。

（4）有利于促进双方当事人的团结。调解是在双方信任的第三方主持下进行的，气氛较为宽松，双方可以在较为友好的氛围中达成互谅互让的协议，有利于当事人的团结。

但调解方式解决纠纷也有一定的局限性。调解的成功与否依赖于双方的诚意和善意，当纠纷涉及利益重大、双方意见分歧严重时，调解成功的可能性很小。而调解一旦不成功，当事人花在调解上的时间和精力很可能就白白浪费掉了。

（三）旅游纠纷调解的效力

经调解达成的调解协议是当事人意思表示一致的结果，它与一般的协议一样，当事人应当履行。当事人如果反悔，可以向法院起诉，一般情况下，法院会受理，并按照有关规定认定调解协议的性质和效力。凡调解协议的内容是双方当事人自愿达成的，不违反国家法律、行政法规的强制性规定，不损害国家、集体、第三人及社会公共利益，不具有无效、可撤销或者变更法定事由的，应当确认调解协议的法律效力。

但是，如果调解是在诉讼中由法院审判人员主持下进行的，当事人签收的调解书与生效判决具有同等的法律效力，当事人不得以同一事实和理由再行起诉，对调解书也不得上诉。如果调解是在仲裁庭主持下进行的，仲裁调解书与裁决书具有同等的法律效力。当事人应当履行调解书规定的义务，一方当事人不履行的，另一方当事人可以向人民法院申请执行。

（四）适用调解方式解决纠纷应注意的问题

旅行社或导游人员如果决定以调解方式解决旅游纠纷，应注意以下问题：

（1）坚持当事人自愿原则。这包括两层含义：一是在程序上是否以调解方式解决旅游纠纷，应尊重旅游者的意愿；二是在实体上是否达成调解协议，是否同意调解协议的内容，也应尊重旅游者的意愿。

（2）选择恰当的调解人。调解人应是双方共同选择的共同信赖的公民或组织，比如，可以是纠纷以外的其他游客，可以是旅游行政管理机关，也可以是人民调解委员会、消费者协会或者仲裁机构。

（3）坚持合法调解的原则。这也包括两层含义：一是程序上要合法，不应强迫或变相强迫当事人进行调解，调解不成，不应久拖不决，而应谋求别的解决纠纷的途径。二是实体上要合法，调解的结果不能违反国家法律、行政法规的强制性规定，也不能损害国家利益、社会公共利益和第三方的利益。

（4）坚持查明事实、分清是非的原则。调解并不是无原则地调和，调解应是在事实清楚、责任明确的前提下，通过双方各自做出适当的让步来谋求纠纷的解决，而不能片面地维护己方的利益。

第二节　旅游纠纷的仲裁

仲裁也是解决旅游纠纷的一种方式，这一方式相对而言比协商和调解费时费力，但又比诉讼简便许多。当旅游纠纷无法通过协商和调解解决时，仲裁也是一种不错的方式。在各地推出的旅游合同示范文本中，提交仲裁机构仲裁基本上都成为解决合同争议的方式之一。因此，旅行社和导游对仲裁的一些基本知识应有所了解。

一、旅游纠纷仲裁的概念

旅游纠纷仲裁是指旅游纠纷当事人在自愿基础上达成协议，将纠纷提交选定的仲裁委员会，由仲裁委员会做出对纠纷双方都有约束力的裁决的一种解决纠纷的制度或者方式。

并不是一切纠纷都可提交仲裁。根据我国《仲裁法》(1995 年 9 月 1 日起施行)的规定，平等主体的公民、法人和其他组织之间发生的合同纠纷和其他财产权益纠纷，可以仲裁。下列纠纷不能仲裁：(1)婚姻、收养、监护、扶养、继承纠纷；(2)依法应当由行政机关处理的行政争议。由此可见，绝大多数旅游纠纷都可提交仲裁。

[小资料]

仲裁委员会

根据我国《仲裁法》的规定，仲裁委员会由直辖市和省、自治区人民政府所在地的市人民政府组织有关部门和商会统一组建，其他设区的市也可以根据需要设立仲裁委员会。仲裁委员会独立于行政机关，与行政机关没有隶属关系，仲裁委员会之间也没有隶属关系。仲裁委员会的主任、副主任和委员由法律、经济贸易专家和有实际工作经验的人员担任。仲裁委员会的组成人员中，法律、经济贸易专家不得少于三分之二。仲裁委员会按照不同专业设仲裁员名册。

二、旅游纠纷仲裁的特点

作为一种民间性的裁判制度，仲裁是一种替代诉讼的解决纠纷的重要方式。旅游纠纷仲裁与其他的旅游纠纷解决方式相比，主要有如下特点：

(一)自愿性

仲裁以当事人的自愿为前提，即一项纠纷是否提交仲裁，交予谁仲裁，仲裁庭如何组成，由谁组成，仲裁的审理方式、开庭形式等都是在当事人自愿的基础上由双方协商确定的，因此，仲裁能充分体现当事人的意愿。

(二)专业性

旅游纠纷往往涉及法律、经济以及旅游专业知识，而仲裁委员会一般都备有分专业的、由专家组成的仲裁员名册供当事人选择，能充分满足旅游仲裁的专业性需求。

(三)灵活性

仲裁中的诸多具体程序都可由当事人协商确定与选择，因此，仲裁程序更加灵活，更具有弹性。

(四)保密性

仲裁以不公开进行为原则，有关的仲裁法律和仲裁规则也同时规定了仲裁员的保密义务，可以满足希望保密的当事人的要求。

（五）快捷性

仲裁实行一裁终局制，裁决一经做出即发生法律效力。而且，仲裁庭仲裁纠纷时，其中一部分事实已经清楚，可以就该部分先行裁决。这使得旅游纠纷能迅速得到解决。

（六）经济性

因为仲裁较为快捷，且一裁终局，不存在多审级收费，因此，在整个仲裁过程中当事人的成本支出相对较少。仲裁通常也不存在激烈对抗，商业秘密也不必公之于世，因此，仲裁对旅行社今后的商业机会影响较小。

（七）独立性

仲裁机构独立于行政机构，仲裁机构之间无隶属关系，仲裁也不实行级别管辖和地域管辖。在仲裁过程中，仲裁庭依法独立进行仲裁，不受行政机关、社会团体和个人的干涉，也不受仲裁机构的干涉，有很强的独立性。

三、旅游仲裁协议

当事人采用仲裁方式解决纠纷，应当双方自愿，达成仲裁协议。没有仲裁协议，一方申请仲裁的，仲裁委员会将不予受理。

（一）旅游仲裁协议的表现形式

旅游仲裁协议必须以书面形式订立，有三种主要表现形式：

(1)仲裁条款。指当事人在签合同时就订立的，将可能的纠纷提交仲裁的条款。现在，旅游合同的示范文本中都会有“争议的解决方式”一项内容，如果旅行社与旅游者或其他旅游经营者签订的合同中明确约定了通过仲裁方式解决纠纷，并约定了提交哪一家仲裁委员会仲裁，这就构成了仲裁条款。仲裁条款是仲裁实践中最常见的仲裁协议的形式。

［补充阅读］

《中国公民出境旅游合同（示范文本）》第二十三条“争议的解决方式”是这样规定的：“本合同履行过程中发生争议，由双方协商解决；亦可向合同签订地的旅游质量监督管理所、消费者协会等有关部门或机构申请调解解决。协商或者调解不成的，按下列第______种方式解决：(1)提交______仲裁委员会仲裁；(2)依法向人民法院起诉。”如果合同双方约定了纠纷通过仲裁解决，并约定了仲裁委员会，这就成了典型的仲裁条款。

(2)仲裁协议书。指当事人在纠纷发生前或发生后订立的，同意将纠纷提交仲裁的一种独立的协议。

(3)其他书面文件表现的仲裁协议。当事人之间往来的信函、电报、传真、电子邮件等材料包含了同意将纠纷提交仲裁的内容，也可构成仲裁协议。

（二）旅游仲裁协议的效力

即使存在旅游仲裁协议，它也不一定能发生效力。比如，口头方式订立的仲裁协议是无效的，旅行社采取胁迫手段强行与旅游者签订的仲裁协议也是无效的。仲裁协议必须约定仲裁事项（如旅游过程中的纠纷），还必须约定仲裁委员会，如果这两项当中有一项没有约定或约定不明，双方又无法达成补充协议的，仲裁协议无效。

旅游仲裁协议一旦有效成立，协议的当事人，无论是旅行社、旅游者还是其他旅游经营者，在旅游纠纷发生后，只能通过向仲裁协议中所确定的仲裁机构申请仲裁的方式解决纠纷，而不能向法院提起诉讼。如果一方当事人违背仲裁协议，就协议规定范围内的争议事项向法院起诉，另一方当事人有权要求法院停止诉讼程序，法院也应当驳回当事人的起诉。

[小思考]

旅行社和旅游者在签订旅游合同时，签订了仲裁条款。但是，纠纷发生后，旅行社和旅游者都不想通过仲裁方式解决纠纷，这时，旅行社或旅游者可以向法院起诉吗？

（提示：自愿签订仲裁协议是旅行社和旅游者的权利，同样，旅行社和旅游者也有权利自愿放弃仲裁协议。如果纠纷发生后，双方都不想通过仲裁解决纠纷，旅行社和旅游者可以达成一个书面协议，明确放弃原有仲裁协议，或重新约定通过诉讼解决纠纷。还有一个更简单的方式：双方无须补充任何协议，一方直接向法院起诉，只要另一方不向法院提出有仲裁协议，而是直接应诉答辩，这就说明另一方也自愿放弃了仲裁协议。）

四、旅游仲裁的法律效力

裁决书自做出之日起发生法律效力。裁决做出后，当事人就同一纠纷再申请仲裁或者向人民法院起诉的，仲裁委员会或者人民法院将不予受理。当事人应当履行仲裁裁决。一方当事人不履行的，另一方当事人可以依照民事诉讼法的有关规定向人民法院申请执行。如果仲裁裁决不存在可撤销的事由，受申请的人民法院应当执行。

[补充阅读]

根据《中华人民共和国仲裁法》，当事人提出证据证明仲裁裁决有下列情形之一的，可以向仲裁委员会所在地的中级人民法院申请撤销裁决：(1)没有仲裁协议的；(2)裁决的事项不属于仲裁协议的范围或者仲裁委员会无权仲裁的；(3)仲裁庭的组成或者仲裁的程序违反法定程序的；(4)裁决所根据的证据是伪造的；(5)对方当事人隐瞒了足以影响公正裁决的证据的；(6)仲裁员在仲裁该案时有索贿受贿、徇私舞弊、枉法裁决行为的。人民法院经组成合议庭审查核实裁决有上述情形之一的，应当裁定撤销。人民法院认定仲裁裁决违背社会公共利益的，应当裁定撤销。

第三节　旅游纠纷的诉讼

在解决旅游纠纷的众多方式中，诉讼方式是程序最复杂的一种。虽然这不是纠纷解决的必经方式，但在其他方式都无效而又想解决纠纷的情况下，诉讼就是不得不采用的最终方式。在面临纠纷时，旅行社应尽量通过协商、调解等方式解决纠纷，但也必须做好随时应诉的准备。因为，是否通过诉讼方式解决纠纷，决定权并不完全在旅行社。有时候，旅游者会不经过协商、调解而直接向法院提起诉讼，从而也把旅行社直接拖入诉讼程序之中。作为旅行社的工作人员，应当了解必要的旅游诉讼常识。

一、旅游纠纷诉讼的概念

旅游纠纷诉讼是指法院在当事人和其他诉讼参与人的参加下，以审理、判决、执行等方式解决旅游纠纷的活动，以及由这些活动产生的各种诉讼关系的总和。

二、旅游纠纷诉讼的特征

我国并没有专门的规范旅游纠纷诉讼的法律，由于本书所探讨的旅游纠纷为民事纠纷，所以，旅游纠纷诉讼可参照我国《民事诉讼法》(1991 年 4 月 9 日公布施行)的相关规定。同样，旅游纠纷诉讼的特征也可参照民事诉讼的特征。与调解、仲裁这些诉讼外的解决民事纠纷的方式相比，民事诉讼具有以下三个突出特征：

(一)公权性

民事诉讼是以司法途径解决平等主体之间纠纷的方式，法院代表国家行使审判权来解决民事争议，因此，民事诉讼具有公权性的特点。

(二)强制性

调解、仲裁均建立在当事人自愿的基础上，只要一方不愿意，调解、仲裁将无从进行。而在民事诉讼中，只要原告起诉符合民事诉讼法规定的条件，无论被告是否愿意，诉讼均将发生。而且，法院的裁判具有直接的强制执行力，当事人若不履行生效裁判确定的义务，法院可依法强制执行。

(三)程序性

民事诉讼有严格的程序，无论是法院、当事人还是其他诉讼参与人都应按照民事诉讼法设定的程序实施诉讼行为。而调解和仲裁在程序方面较为灵活。

三、旅游纠纷诉讼的管辖

管辖，是指各级法院之间和同级法院之间受理第一审案件的分工和权限。我国的法院有四级，分别是基层人民法院、中级人民法院、高级人民法院和最高人民法院，除了最高人民法院以外，每一级法院都有许多个。一项纠纷，当事人该向哪一个法院起诉，哪一个法院有权受理，这是首先要解决的。民事诉讼法对案件的管辖有许多具体规定，就旅游纠纷诉讼而言，下面几点尤其要掌握：

（1）每一级法院都可受理第一审旅游纠纷案件。一般的旅游纠纷案件由基层人民法院管辖，性质重大、案情复杂、影响范围大、涉及金额多的旅游纠纷案件由级别较高的法院管辖。

（2）旅游纠纷诉讼的管辖法院一般实行“原告就被告”的原则，即以被告所在地确定管辖的法院。如果被告是公民，被告所在地即为被告住所地（户籍所在地），被告住所地与经常居住地（公民离开住所连续居住满1年的地方）不一致的，被告所在地为被告经常居住地。如果被告是法人或其他组织，被告所在地为法人或其他组织的主要办事机构所在地或主要营业地，没有办事机构的，被告所在地为其注册地。

（3）几种特殊的旅游纠纷案件管辖：①因旅游合同纠纷提起的诉讼，可由被告住所地或者合同履行地人民法院管辖；②因铁路、公路、水上、航空运输和联合运输合同纠纷提起的旅游诉讼，可由运输始发地、目的地或者被告住所地人民法院管辖；③因侵权行为提起的旅游纠纷诉讼，可由侵权行为地或者被告住所地人民法院管辖；④因铁路、公路、水上和航空事故请求损害赔偿提起的旅游诉讼，可由事故发生地或者车辆、船舶最先到达地、航空器最先降落地或者被告住所地人民法院管辖。

（4）两个以上人民法院都有管辖权的旅游纠纷诉讼，原告可以向其中一个人民法院起诉；原告向两个以上有管辖权的人民法院起诉的，由最先立案的人民法院管辖。

四、旅游纠纷诉讼的证明

旅游纠纷诉讼的证明是指法院和旅游纠纷当事人运用证据确定案件事实的活动。证明是诉讼活动的重要组织部分。对旅行社来说，旅游纠纷诉讼的证明就是旅行社通过充分的证据说服法院，使法院相信旅行社关于案件事实的主张，从而做出有利于自己的裁判。

（一）旅游纠纷诉讼的举证责任

我国《民事诉讼法》第六十四条规定：“当事人对自己提出的主张，有责任提供证据。”这就是通常所说的“谁主张，谁举证”，如原告要提起诉讼，就必须有相应的证据。尽管在有些案件中需要被告负举证责任,但对旅游纠纷诉讼而言,旅行社要提起诉讼,也必须有相应的证据。

(二)旅游纠纷诉讼的证据

证据是能够证明案件真实情况的各种事实,也是法院认定有争议的案件事实的根据。当事人的要求能否得到满足关键在于证据。旅游纠纷诉讼的证据主要有书证、物证、视听资料、证人证言、当事人陈述、鉴定结论、勘验笔录7种。

上述证据当中,凡是直接来源于案件事实,未经复制、转述的证据是原始证据,如亲眼目睹纠纷过程的证人证言、物证的原物、合同书的原件、勘验笔录等;凡是间接来源于案件事实,经过复制、转述的证据是传来证据,如物证的复制品、文件的影印件、非亲自感受案件事实的证人所作的证言等。一般来说,原始证据比传来证据可靠;同是传来证据,距原始证据越近的越可靠。

旅行社应注意保管好旅游经营活动的各种资料,这些资料有可能就是法庭上的有力证据。导游人员在旅游接待中也应注意收集、保存有关票证、旅游者的书面意见、意外事故的证明、不可抗力的证明和目击者的姓名、书面证词、联系方式等,尤其是事后难以收集的证据,导游人员更要多留心,早做准备。

(三)旅游纠纷诉讼的证明标准

证明标准,是指法官在诉讼中认定案件事实所要达到的证明程度。一旦证据的证明力已达到这一标准,待证事实的真实性就算已得到证明,法官就应当认定该事实。

旅游纠纷诉讼的证明标准与民事诉讼的证明标准是一致的。民事诉讼的证明标准应低于刑事诉讼的证明标准,即当审判人员从证据中得到的待证事实很可能像一方当事人的主张时,就可以认定该事实。如《最高人民法院关于民事诉讼证据的若干规定》(2002年4月1日起施行)第七十三条规定:"双方当事人对同一事实分别举出相反的证据,但都没有足够的依据否定对方证据的,人民法院应当结合案件情况,判断一方提供证据的证明力是否明显大于另一方提供证据的证明力,并对证明力较大的证据予以确认。"

知道证明标准对旅游纠纷诉讼非常重要。对旅行社而言,只有了解了证明标准,才不会对证明标准估计过低而在证据明显不足时贸然起诉,也不会对证明标准估计过高而在已有足够证据的情况下迟迟不敢起诉。在证明过程中,旅行社提供反证的必要性也同证明标准有关,因为只有在对方当事人提出的本证已达到证明标准,法官将做出有利于对方当事人的认定时,旅行社才有提出反证的必要。

五、旅游纠纷诉讼程序

(一)起诉

起诉必须符合下列条件:

(1)原告是与本案有直接利害关系的公民、法人和其他组织。旅游纠纷的当事人双方(旅行社、旅游者或其他旅游经营者)都可以起诉。

(2)有明确的被告。

(3)有具体的诉讼请求和事实、理由。

(4)属于人民法院受案范围和受诉人民法院管辖。

起诉应当向人民法院递交起诉状(书写起诉状有困难的,可以口头起诉,由人民法院记入笔录),起诉状应写明:

(1)当事人的姓名、性别、年龄、民族、职业、工作单位和住所,法人或者其他组织的名称、住所和法定代表人或者主要负责人的姓名、职务。

(2)诉讼请求和所根据的事实与理由。

(3)证据和证据来源,证人姓名和住所。

[补充阅读]

诉讼时效

起诉还要注意诉讼时效。旅游纠纷诉讼的诉讼时效一般为2年,从知道或应当知道权利被侵害时起计算。也就是说,如果旅行社要起诉游客或其他旅游经营者,应当在从知道或应当知道权利被侵害时起2年内起诉,超过这个时间,旅行社将不再享有请求人民法院保护的权利。

有些特殊的旅游纠纷诉讼,诉讼时效只有1年,如:关于身体受到伤害要求赔偿的诉讼,关于出售事先未声明的质量不合格商品的诉讼,关于寄存财物被丢失或者损毁的诉讼等。

(二)人民法院对起诉的审查与受理

人民法院收到起诉状或者口头起诉,经审查,认为符合起诉条件的,应当在7日内立案,并通知当事人;认为不符合起诉条件的,应当在7日内裁定不予受理;原告对裁定不服的,可以提起上诉。

(三)开庭审理

开庭审理按下列程序进行:

(1)开庭前的准备工作。人民法院审理民事案件,应当在开庭前3日通知当事人和其他诉讼参与人。公开审理的,应当公告当事人的姓名、案由和开庭的时间、地点。

(2)法庭调查。其任务是审查核实各种诉讼证据。

(3)法庭辩论。作为定案的所有证据,都必须经过法庭的辩论和质证。

(4)评议和宣判。法院对公开审理或者不公开审理的案件,一律公开宣告判决。判决书应当写明:案由、诉讼请求、争议的事实和理由;判决认定的事实、理由和适用的法律依据;判决结果和诉讼费用的负担;上诉期间和上诉的法院。

［小资料］

案件受理费的交纳标准

根据《诉讼费用交纳办法》(国务院2006年12月19日公布，2007年4月1日起施行)，当事人进行民事诉讼、行政诉讼，案件受理费分别按照下列标准交纳：

(一)财产案件根据诉讼请求的金额或者价额，按照下列比例分段累计交纳：

(1)不超过1万元的，每件交纳50元；

(2)超过1万元至10万元的部分，按照2.5%交纳；

(3)超过10万元至20万元的部分，按照2%交纳；

(4)超过20万元至50万元的部分，按照1.5%交纳；

(5)超过50万元至100万元的部分，按照1%交纳；

(6)超过100万元至200万元的部分，按照0.9%交纳；

(7)超过200万元至500万元的部分，按照0.8%交纳；

(8)超过500万元至1000万元的部分，按照0.7%交纳；

(9)超过1000万元至2000万元的部分，按照0.6%交纳；

(10)超过2000万元的部分，按照0.5%交纳。

(二)非财产案件按照下列标准交纳：

(1)离婚案件每件交纳50元至300元。涉及财产分割，财产总额不超过20万元的，不另行交纳；超过20万元的部分，按照0.5%交纳。

(2)侵害姓名权、名称权、肖像权、名誉权、荣誉权以及其他人格权的案件，每件交纳100元至500元。涉及损害赔偿，赔偿金额不超过5万元的，不另行交纳；超过5万元至10万元的部分，按照1%交纳；超过10万元的部分，按照0.5%交纳。

(3)其他非财产案件每件交纳50元至100元。

(三)知识产权民事案件，没有争议金额或者价额的，每件交纳500元至1000元；有争议金额或者价额的，按照财产案件的标准交纳。

(四)劳动争议案件每件交纳10元。

(五)行政案件按照下列标准交纳：

(1)商标、专利、海事行政案件每件交纳100元；

(2)其他行政案件每件交纳50元。

(六)当事人提出案件管辖权异议，异议不成立的，每件交纳50元至100元。

此外，根据《诉讼费用交纳办法》，下列案件不交纳案件受理费；

(1)依照民事诉讼法规定的特别程序审理的案件；

(2)裁定不予受理、驳回起诉、驳回上诉的案件；

(3)对不予受理、驳回起诉和管辖权异议裁定不服，提起上诉的案件；

(4)行政赔偿案件。

需要说明的是，案件受理费仅是诉讼费用的一种，当事人应当向人民法院交纳的诉讼费用可能还会包括申请费以及证人、鉴定人、翻译人员、理算人员在人民法院指定日期出庭发生的交通费、住宿费、生活费和误工补贴等。

（四）第二审程序

我国实行两审终审制，当事人不服一审法院做出的裁判，可以向上一级法院提起上诉，经上一级法院审理并做出裁判后，诉讼便告终结。对一个旅游纠纷案件，当事人不服地方人民法院第一审判决的，有权在判决书送达之日起 15 日内向上一级人民法院提起上诉，二审法院的判决为终审判决。如果双方当事人在 15 日内均未上诉，一审判决也将发生法律效力，因此，二审程序不是必经程序。

（五）审判监督程序

审判监督程序即再审程序，是纠正生效裁判错误的法定程序，因此也不是必经程序。人民法院和人民检察院随时都可提起再审程序，当事人申请再审，应当在判决、裁定发生法律效力后 2 年内提出。

六、旅游纠纷诉讼的审理期限

审理期限是指某一案件从人民法院立案受理到做出裁判的法定期间。旅游纠纷案件，应当在立案之日起 6 个月内审结。有特殊情况需要延长的，由本院院长批准，可以延长 6 个月；还需要延长的，报请上级人民法院批准。人民法院审理对判决的上诉案件，应当在第二审立案之日起 3 个月内审结。有特殊情况需要延长的，由本院院长批准。

第四节　旅游投诉

投诉是解决旅游纠纷的方式之一。旅游投诉是投诉的一种，而且，旅游投诉制度是最具旅游特色的解决旅游纠纷的方式。

为了保护旅游者、旅游经营者的合法权益，及时、公正地处理旅游投诉，维护国家旅游声誉，国家旅游局依据我国有关法律、法规，结合我国旅游业的实际情况，于 1991 年 6 月 1 日发布了《旅游投诉暂行规定》，并于 1991 年 10 月 1 日正式实施。1995 年以后，国家旅游局又相继发布了《旅行社质量保证金暂行规定》、《全国旅游质量监督管理机构组织与管理暂行办法》、《旅行社质量保证金赔偿试行标准》等规定，初步形成了旅游投诉的法规体系。

作为旅游经营企业，旅行社很可能被其他旅游经营者和旅游者投诉，同时，也有可能需要投诉损害旅行社合法权益的其他经营者。因此，旅行社工作人员应对旅游投诉有基本的了解。

一、旅游投诉概述

(一)旅游投诉的概念

旅游投诉指的是旅游者、海外旅行商、国内旅游经营者为维护自身和他人的旅游合法权益,对损害其合法权益的旅游经营者和有关服务单位,以书面或口头形式向旅游行政管理部门提出投诉,请求处理的行为。

(二)旅游投诉的特征

1. 投诉所涉及的纠纷发生在旅游过程中

在实际生活中,因为合法权益受到损害而向有关部门投诉的情况并不少见,但这些投诉并非都是旅游投诉。只有投诉主体(投诉人和被投诉人)参与了旅游活动,且投诉所涉及的纠纷发生于旅游过程之中,这样的投诉才可能成为旅游投诉。

2. 投诉人的合法权益受到了损害

投诉人的合法权益受到损害是旅游投诉得到受理的前提,这种损害既包括财产损害,也包括人身损害。

3. 被投诉人有过错

投诉人合法权益的损害往往是由多种原因造成的,有的是因为旅游经营者或有关服务单位的过错造成的,也有的是因投诉人自己的过错造成的,还有的是因为不可抗力造成的。对前一种情况可以投诉,对后两种情况则不应投诉。

4. 旅游投诉的受理机关是旅游行政管理机关

不同类型的投诉一般有不同的受理机关,旅游投诉的性质和旅游行政管理机关的行业管理职能决定了旅游投诉只能由旅游行政管理机关受理。

[小思考]

现在有不少游客在遇到旅游纠纷时,并不向旅游行政部门投诉,而是向各地的消费者协会投诉。想一想,消费者协会会受理吗?这算不算旅游投诉?

(提示:消费者协会应该受理。因为旅游消费也是一种生活消费,旅游者也是消费者。这种投诉与旅游相关,但不是本章所说的旅游投诉,因为本章所述旅游投诉是“以书面或口头形式向旅游行政管理部门提出投诉,请求处理的行为”。)

(三)旅游投诉的受理条件

旅游行政管理机关受理的旅游投诉必须符合下列条件:

(1)投诉者必须是与投诉案件有直接利害关系的旅游者、海外旅行商、国内旅游经营者和从业人员。

(2)有明确的被投诉者、具体的投诉请求和事实根据。

(3)属于我国《旅游投诉暂行规定》中所列的旅游投诉范围。

(四)旅游投诉的范围

投诉者可以对在我国境内旅游活动中发生的下列行为提出投诉:

(1)认为旅游经营者不履行合同或协议的。包括完全不履行、不完全履行和私自变更履行三种情况。

(2)认为旅游经营者没有提供质价相符的旅游服务的。如有的旅行社将同一线路的产品分成豪华团和经济团,收费不同,但服务内容却没有差异,这便属于没有提供质价相符的旅游服务的情况。

(3)认为旅游经营者故意或过失造成投诉者行李物品破损或丢失的。如游客将行李放在由导游人员看管的车上,行李被盗时,游客可就此提出投诉。

(4)认为旅游经营者故意或过失造成投诉者人身伤害的。旅游者作为消费者享有人身安全保障权,在旅游活动中,旅游经营者应当尽到保护、提醒、讲解、警告等义务,如果旅游经营者故意或过失造成投诉者人身伤害,旅游者可提出投诉。

(5)认为旅游经营者欺诈投诉者,损害投诉者利益的。如旅游经营者发布虚假广告,对景点或服务进行夸大或不实宣传,旅游者可就此投诉。

(6)旅游经营单位职工私自收受回扣和索要小费的。

(7)其他损害投诉者利益的。

(五)旅游投诉者与被投诉者的权利义务

旅游投诉者指的是以自己的名义请求旅游行政管理部门维护自身和他人旅游合法权益的人或组织,主要包括旅游者、海外旅行商、国内旅游经营者等。旅游投诉者的权利义务主要有:

(1)有义务据实投诉;

(2)有权了解投诉的处理情况;

(3)有权请求调解,有权与被投诉者自行和解;

(4)有权放弃或者变更投诉请求。

旅游被投诉者指的是与被控侵犯旅游投诉者权益、需要追究行政责任和民事责任、并经旅游行政管理部门通知应诉的人或组织,主要包括旅游经营者和有关服务单位及旅游从业人员。旅游被投诉者的权利义务主要有:

(1)被投诉者有权与投诉者自行和解;

(2)被投诉者有权依据事实,反驳投诉请求,提出申辩,请求保护其合法权益。

(3)被投诉者应当协助旅游投诉管理机关调查核实旅游投诉,提供证据,不得隐瞒情况,阻碍调查工作进行。

(六)旅游投诉时效期间

旅游投诉者向旅游投诉管理机关请求保护合法权益的投诉时效期间为60天。投诉人在这个投诉时效期限内不行使权利,就丧失了请求旅游投诉管理机关保护其合法权益的权利。

旅游投诉时效期间从投诉者知道或者应当知道权利被侵害时起算,而不是从权利被侵害时起算。这是因为,有时投诉者的权益受到侵害时,投诉者起初并不知情,因此这一规定更有利于维护投诉者的利益。有特殊情况的(如遭遇不可抗力或意外事故),旅游投诉管理机关可以延长投诉时效期间。

二、旅游投诉管理机构

《旅游投诉暂行规定》第四条规定:“旅游行政管理部门依法保护旅游投诉者和被投诉者的合法权益。县级(含县级)以上旅游行政管理部门设立旅游投诉管理机关。”根据这一规定,我国管理旅游投诉的机构是县级(含县级)以上旅游行政管理部门。县级(含县级)以上旅游行政管理部门可以根据本地区投诉案件的多少、人员编制和办案力量等具体情况设置旅游投诉管理机关,即旅游质量监督管理所(简称“质监所”)。

旅游投诉管理机关代表旅游行政管理部门办理投诉案件,做出投诉处理决定。但旅游投诉管理机关是内部工作机构,不具有独立的行政机关法人地位,它所做出的处理决定的后果应由设立它的旅游行政管理部门承担。

三、旅游投诉管辖

(一)旅游投诉管辖的概念

旅游投诉管辖是指各级旅游投诉管理机关之间和同级旅游投诉管理机关之间受理旅游投诉案件的分工和权限。

(二)旅游投诉管辖的意义

明确旅游投诉的管辖权有着重要的意义:

第一,明确各旅游投诉管理机关的责任,防止因管辖不明而互相推诿或争夺管辖权的情况发生,有利于旅游投诉管理机关迅速及时地发现并制裁违法行为。

第二,有利于投诉人找准投诉机关,进行及时有效的投诉。

第三,有利于合理配置各旅游投诉机关的资源,充分发挥各旅游投诉机关的作用。

(三)旅游投诉管辖的种类

1. 级别管辖

级别管辖是指不同级别的旅游投诉管理机关处理旅游投诉案件的分工和权限。根据《旅游投诉暂行规定》和旅游投诉管辖的实践,旅游投诉案件一般由县级旅游投诉管理机关管辖;上级旅游投诉管理机关受理对下一级旅游投诉管理机关做出的投诉处理决定不服的复议申请;省级旅游投诉管理机关管辖本辖区内有重大影响的和跨地市(州)的旅游投诉案件;国家旅游投诉管理机关管辖在全国范围内有重大影响或者地方旅游投诉管理机关处理有困难的重大投诉案件,重大的跨省、自治区、直辖市的旅游投诉案件等。

2. 地域管辖

地域管辖是指同级旅游投诉管理机关之间处理旅游投诉案件的分工和权限。级别管辖只解决了哪些投诉归哪一级旅游投诉管理机关管辖的问题，而地域管辖解决了同级旅游投诉管理机关之间管理权限的划分。

根据《旅游投诉暂行规定》，各地旅游投诉管理机关受理本辖区内的旅游投诉。但仅有这一规定还不够。《旅游投诉暂行规定》还确定了跨行政区的旅游投诉案件地域管辖的三个标准：

（1）被投诉者所在地。

（2）损害行为发生地。赋予损害行为发生地的旅游投诉管理机关管辖权，有利于及时调查取证，从而做出正确处理。

（3）损害结果发生地。损害结果发生地是指投诉人因为被投诉人的过错行为而产生的损害后果的显现地。在通常情况下，损害后果会随着致害人实施损害行为而立即发生，但在有的情况下，致害人实施了损害行为后，要经过一段时间损害结果才显现出来。因此，为便于投诉人及时投诉，赋予损害结果发生地的旅游投诉管理机关管辖权是必要的。

上述三个标准无主次、先后之分，投诉者可根据自身情况灵活做出选择，无论投诉人选择的是被投诉者所在地，还是损害行为发生地，或者损害结果发生地，该地区的旅游投诉管理机关都有权管辖。为避免在跨区域的旅游投诉中各旅游投诉管理机关相互推诿或争夺管辖权，《旅游投诉暂行规定》第七条规定："跨行政区的旅游投诉，由被投诉者所在地、损害行为发生地或者损害结果发生地的旅游投诉受理机关协商确定管理机关；或者由上一级旅游投诉受理机关协调指定管理机关。"

［案例］

一位家住长沙市的游客参加当地某旅行社组织的去黄山和杭州的旅游活动。在黄山等待乘坐登山缆车时，因靠缆车太近，这位游客被缆车轻轻碰了一下，当时并未感觉有什么不适。第二天，团队离开黄山赶赴杭州，到达杭州后，游客感到身体被撞的部位疼痛不已，导游人员带他到杭州市一家医院检查，查出有内伤。请问，这位游客如果想采取旅游投诉的方式解决纠纷，他可以向哪里的旅游投诉机关投诉该旅行社？

（提示：这位游客可以向被投诉者所在地长沙市的旅游投诉机关投诉，也可以向损害行为发生地黄山市的旅游投诉机关投诉，也可以向损害结果发生地杭州市的旅游投诉机关投诉。）

四、旅游投诉的受理与处理

（一）旅游投诉的受理程序

旅游投诉的受理是指有管辖权的旅游投诉管理机关接到投诉者的投诉状或口

头投诉后，经审查认定符合受理条件予以立案的行政行为。旅游投诉的受理包括下列程序：

1. 投诉者提出投诉请求

投诉者提出投诉请求时，应当向旅游投诉管理机关递交投诉状，并按被投诉者人数提供副本。递交投诉状确有困难的，可以口头投诉，由旅游投诉管理机关记入笔录，并由本人签字。投诉状应当记明下列事项：

（1）投诉者的姓名、性别、国籍、职业、年龄、单位（团队）名称及地址；

（2）被投诉者的单位名称或姓名、所在地；

（3）投诉请求和依据的事实与理由；

（4）证据。

上述事项必须齐全、具体、准确。

2. 审查

旅游投诉管理机关接到投诉状或者口头投诉后，应审查该投诉是否符合投诉条件，具体包括：（1）投诉者是否是与投诉案件有直接利害关系的旅游者、海外旅行商、国内旅游经营者和从业人员；（2）是否有明确的被投诉者、具体的投诉请求和事实根据；（3）是否属于《旅游投诉暂行规定》中所列的旅游投诉范围；（4）是否超过了投诉时效；（5）是否属于本旅游投诉管理机关的管辖范围。

3. 决定是否受理

经审查，旅游投诉管理机关对符合受理条件的投诉，应当及时受理；对不符合受理条件的投诉，应当及时通知投诉者不予受理，并说明理由。

旅游投诉管理机关审查投诉状、决定是否受理的期限是 7 日，从接到投诉状或者口头投诉的第二日起计算，其间有节假日的，往后顺延；如果投诉状需邮寄，以旅游投诉管理机关收到邮件的第二日起计算。

（二）旅游投诉的处理程序

旅游投诉的处理程序是指旅游投诉管理机关受理投诉后，依法对投诉进行处理的工作程序。旅游投诉的处理包括以下程序：

1. 通知被投诉者做出答复

旅游投诉管理机关做出受理决定后，应当及时通知被投诉者。被投诉者应当在接到通知之日起 30 日内做出书面答复。书面答复应当载明下列事项：（1）被投诉事由；（2）调查核实过程；（3）基本事实与证据；（4）责任及处理意见。

2. 复查

旅游投诉管理机关应当对被投诉者的书面答复进行复查，查明被投诉者的书面答复是否属实，证据是否充分。

3. 调解

旅游投诉管理机关处理投诉案件，能够调解的，应当在查明事实、分清责任的基础上进行调解,促使投诉者与被投诉者互相谅解、达成协议。

调解应当坚持自愿的原则,不得强迫。调解达成的协议,必须经双方同意,不存在任何异议。

双方达成协议后,应当制作调解协议书,调解协议书由双方签字或盖章,经旅游投诉管理机关加盖公章后生效。调解协议书与旅游投诉管理机关的处理决定具有同等效力。

4. 做出处理决定

旅游投诉管理机关处理投诉案件,应当以事实为根据,以法律、法规为准绳。

(1)处理决定的种类。经调查核实,认为事实清楚,证据充分,可以分别做出以下处理决定:①撤销立案。如果投诉者受到的损害是由于投诉者自身原因造成的,旅游投诉管理机关可以决定撤销立案,通知投诉者并说明理由。对投诉者无理投诉、故意损害被投诉者权益的,可以责令投诉者向被投诉者赔礼道歉,或者依据有关法律、法规,承担赔偿责任。②由双方各自承担相应的责任。如果投诉者受到的损害是由于投诉者和被投诉者的共同过错造成的,旅游投诉管理机关可以决定由双方各自承担相应的责任。双方各自承担责任的方式,可以由双方当事人自行协商确定,也可以由投诉管理机关决定。③被投诉者单独承担责任。如果投诉者受到的损害是由于被投诉者的过错造成的,旅游投诉管理机关可以决定由被投诉者承担责任。如责令被投诉者向投诉者赔礼道歉、赔偿损失、承担全部或部分调查处理费等。④转送有关部门处理。如果投诉者受到的损害是由于其他部门的过错造成的,旅游投诉管理机关可以决定转送有关部门处理。

(2)行政处罚。旅游投诉管理机关在做出上述相应的投诉处理决定时,还可以依据有关法律、法规、规章的规定,对损害投诉者权益的旅游经营者给予行政处罚;没有规定的,由旅游投诉管理机关按照《旅游投诉暂行规定》单独或者合并给予以下处罚:①警告;②没收非法收入;③罚款;④限期或停业整顿;⑤吊销旅游业务经营许可证及有关证件;⑥建议工商行政管理部门吊销其工商营业执照。

(3)制作投诉处理决定书。旅游投诉管理机关做出的处理决定应当用旅游投诉处理决定书形式,在15日内通知投诉者和被投诉者。上述行政处罚决定应当载入投诉处理决定书。旅游投诉处理决定书应包含下列内容:①投诉者、被投诉者的基本情况;②纠纷的性质、处理方式;③投诉机关认定的事实以及做出处理决定的依据;④处理结论。

[案例]

一位游客参加了上海某旅行社组织的去新加坡的旅游。旅游期间,导游人员带领游客去了一家珠宝店,这位游客在店里购买了一些天然绿宝石。回到上海后,他将所购珠宝送上海珠宝鉴定中心进行鉴定,发现其所购绿宝石全部是人工培育品,并不是店家承诺的天然宝石。他于是找到上海的这家旅行社,要求旅行社赔偿。旅行社工作人员看了这位游客的购物发票，发现发票上写的是“天然培育绿宝石”，说明书上还写了宝石的制作过程，因此，看不出店家有欺骗行为，旅行社于是拒绝了游客的赔偿要求。该游客如果去旅游投诉机关投诉，你认为旅游投诉机关会如何处理？

（提示：本案中，作为重要证据的购物发票和产品说明书都不能证明店家存在欺骗行为，因此，游客的投诉缺乏事实根据。对这样的投诉，旅游投诉机关在查明事实后，可以决定撤销立案，通知投诉者并说明理由。）

（三）旅游投诉的复议和起诉

投诉人或者被投诉人对旅游投诉管理机关做出的处理决定或行政处罚决定不服时，可以有两种权利救济渠道：

（1）直接向人民法院起诉。

（2）先复议再起诉。投诉人或者被投诉人可以在接到处理决定通知书之日起15 日内，向处理机关的上一级旅游投诉管理机关申请复议；对复议决定不服，可以在接到复议决定之日起 15 日内向人民法院起诉。

投诉人或者被投诉人逾期不申请复议，也不向人民法院起诉，又不履行处理决定和处罚决定的，旅游投诉管理机关可以申请人民法院强制执行或者依法强制执行。

五、旅行社如何正确对待投诉

旅游实践中，旅游投诉绝大多数是旅游者投诉旅行社的。这一方面反映了旅行社旅游接待工作的难度，另一方面也反映出旅行社工作中还存在不少问题。无论旅游者的投诉是否合理，一旦出现投诉，对旅行社和导游都是不利的。旅行社应正确对待旅游者的投诉，不断改善接待工作，努力减少投诉。

在发生旅游者投诉时，旅行社应做好以下工作：

（1）尽量将投诉内部消化。旅游者在向旅游行政管理部门提出投诉前，往往会先向导游人员进行口头投诉（或者在导游面前表现出投诉倾向）。导游人员应该充分抓住这一化解纠纷的机会，主动与旅游者协商，了解旅游者投诉的原因，妥善处理旅游者的投诉，尽量使投诉消化在旅行社内部。

（2）及时移送投诉。如果旅行社无法与游客协商解决纠纷，应当及时将投诉移送旅游投诉管理机关，由旅游投诉管理机关审查处理。

（3）做好应对投诉的准备。旅行社应广泛收集、整理证据材料，为旅游行政机关的调查处理做好准备。

（4）接到旅游行政机关的通知后及时做出书面答复，充分表述自己的观点，以便于旅游行政机关做出公正处理。

（5）认真接受处理结果，虚心改正错误。若认为旅游行政机关的处理缺乏公正,可申请复议或起诉。

(6)及时分析工作得失,总结经验教训。

[补充阅读]

2007 年 1 月 29 日,国家旅游局质量规范与管理司发布了《2006 年度全国旅游投诉情况通报》,对旅游行业去年的投诉情况做了总结。2006 年全国各级旅游质量监督管理所共接到 39 006 人次、11 570 件旅游投诉,投诉人次占旅游总人次的 0.025‰;正式受理投诉 10 465 件,比 2005 年增加 3443 件,同比增长 49.03%;结案 9498 件,结案率为 90.76%;为旅游消费者理赔金额为 732.6 万元,比 2005 年增加 114.2 万元,同比增长 18.47%。

从《通报》中可以看出,2006 年旅游投诉数字和理赔金额均有较大幅度的增长,一方面是说明旅游市场秩序有待进一步规范、旅游企业诚信经营理念还需进一步提升。另一方面,也因为近年各级旅游行政管理部门加速推进诚信建设,不断引导旅游者提高维权意识。从投诉的对象看,旅行社仍是被投诉的主要对象。从市场看,出境游投诉明显增加,理赔金额大幅上升。从项目看,旅游购物投诉增幅大、问题多。从群体看,老年游客投诉呈上升的趋势。

(资料来源:中国旅游网 http://www.cnta.gov.cn/news_detail/newsshow.asp?id = A2007130841233128348)

关键词汇

旅游纠纷的协商　旅游纠纷调解　旅游纠纷仲裁　旅游纠纷诉讼　旅游纠纷的管辖　旅游纠纷诉讼的证明　证据　原始证据　传来证据　证明标准　两审终审制　旅游投诉　旅游投诉管辖

经典案例

2005 年夏天,郑某在 A 旅行社报名参加旅游,而 A 旅行社在未征得郑某同意的情况下就将郑某交给 B 旅行社组团。B 旅行社从 C 汽车公司租了一辆旅游车,将包括郑某在内的旅游团成员运送到旅游点。不幸的是,旅游车在途中发生事故,造成郑某高位截瘫。交警部门对事故的认定是:C 汽车公司旅游车的司机违章驾驶,应对此次交通事故负全部责任。郑某要求 A 旅行社承担责任,A 旅行社则认为此次旅游的组团社是 B 旅行社,应由 B 旅行社承担责任;而 B 旅行社认为自己并无过错,事故是由汽车公司的司机造成的,应由汽车公司承担责任;汽车公司同样认为自己没有责任,责任应由违章驾驶的司机和与旅游者签约的旅行社承担。郑某见无人愿意承担责任,干脆把 A、B、C 三者作为共同被告提起诉讼,要求三被告承担赔偿责任。

郑某已成截瘫,总得有人为此负责。到底该由谁来承担对郑某的赔偿呢?

分析:这是一个很典型、很常见但又让人争论不休的案例。即使是法院的判决,也可能存在天壤之别。此案经历了二审。第一审法院认为,郑某向A旅行社交纳团费,旅游合同已告成立,A旅行社应保障郑某在旅游期间的人身安全。因此,对郑某的赔偿责任应由A旅行社承担。一审法院最终判决A旅行社赔偿郑某医疗费、残疾生活补助费、精神抚慰金等共计180万元,并判决B旅行社承担连带责任。郑某要求C汽车公司承担责任的诉讼请求则另案处理。

而第二审法院认为:一审法院判决适用法律错误,确定赔偿责任主体及赔偿金额不当。在旅游过程中发生交通事故,属于侵权法律关系。二审法院对此案做出改判:由C汽车公司和B旅行社向郑某赔偿86万元,A旅行社不承担赔偿责任。

一审和二审法院的判决之所以有这么大差别,就在于一审法院追究的是A旅行社的违约责任,而二审法院追究的是B旅行社和C汽车公司的侵权责任。具体应追究哪一种责任,在实践中还有较大的争议。实践中,对这一类案子的通常处理是:受害人既可以违约为由起诉与之签约的旅行社,法院可因此追究旅行社的违约责任;受害人也可以侵权为由起诉侵害人,法院可因此追究侵害人(汽车公司或旅行社)的侵权责任。

思考与训练

1. 解决旅游纠纷的方式有哪些?如果你是当事人,你倾向于使用哪一种方式解决纠纷,为什么?

2. 旅行社或导游人员在就旅游纠纷与游客协商时应注意哪些方面?

3. 以调解方式解决旅游纠纷有哪些优缺点?

4. 适用调解方式解决纠纷应注意什么问题?

5. 旅游纠纷仲裁有什么特点?

6. 旅游纠纷诉讼有什么特征?

7. 如何确定旅游纠纷诉讼的管辖法院?

8. 旅游投诉有哪些特征?

9. 旅游投诉者与被投诉者的权利义务有哪些?

10. 对损害投诉者权益的旅游经营者有哪些行政处罚方式?

11. 实践训练:下列哪些属于旅游投诉?

(1)某游客向消费者协会投诉某旅行社;

(2)某旅行社向旅游局投诉另一旅行社;

(3)某旅行社向旅游局投诉某景点;

(4)某旅行社向旅游局投诉某游客。

(提示:(1)(4)不是旅游投诉;(2)(3)是旅游投诉。)

12. 实践训练：有人认为，旅游投诉起不到效果，还不如不投诉。你觉得旅游投诉真的无效吗？

（提示：这是一种误解。旅游投诉是《旅游投诉暂行规定》明确规定的，具有强制执行效力。当事人的投诉只要符合受理条件，旅游行政管理部门下设的旅游质量监督管理所就必须受理。受理后，旅游质量监督管理所必须做出确定的处理结果才能结案。投诉人或者被投诉人逾期不申请复议，也不向人民法院起诉，又不履行处理决定和处罚决定的，旅游投诉管理机关可以申请人民法院强制执行或者依法强制执行。）

13. 实践训练：2007 年 2 月，陈某与某旅行社签订了东南亚六日游的合同，约定总费用为 4880 元。旅行社方面提出陈某先预交 3500 元，用于办理护照、签证和订购机票等的费用支出，陈某交款后，旅行社开具了 3500 元定金的收据，约定余款在取机票时付清，届时再统一开发票。几天后，陈某所在单位通知他出国学习一个月，去东南亚旅游已经不可能。陈某向旅行社提出解除旅游合同、退还所交费用的要求，但旅行社认为，陈某所交费用为“定金”，因为是陈某违约，所以定金不退。双方因此发生争执。请问，陈某与旅行社间的争执是否属于旅游纠纷？陈某要解决这一争执可通过什么途径？陈某的 3500 元可以退吗？

（提示：旅游纠纷是指旅游主体之间因权利和义务的矛盾而引发的争议。陈某作为旅游者与旅行社签订旅游合同，陈某与旅行社的纠纷属于旅游主体之间因权利和义务的矛盾而引发的争议，因此属于旅游纠纷。

陈某要解决纠纷，至少有下面几种途径：与旅行社协商、请第三方调解、申请仲裁、向法院起诉、向旅游行政管理部门提出投诉。

陈某交的 3500 元是用于办理护照、签证和订购机票等的费用支出的，而不是确保合同履行的，而且，我国《担保法》规定，定金数额不得超过主合同标的额的 20%，3500 元在 4880 元中的比例显然已远远超过 20%。因此，这 3500 元不应是定金，而应是预付款。旅行社在扣除已经发生的费用之后，应将余款退还陈某。当然，如果旅游合同中约定了其他违约责任，陈某还应依法承担相应的违约责任。）

第四编

旅游保险篇

第八章　旅游保险合同

本章导读

旅行社在经营过程中离不开保险。旅行社工作人员应了解旅游保险的相关常识,尤其是旅游保险合同知识。这是因为,保险从成立到理赔的过程,实际上就是投保人与保险人订立和履行保险合同的过程。本章介绍了旅游保险合同的概念和特征,介绍了旅游保险合同的订立、变更、解除、终止以及旅游保险合同的履行等方面的知识。

第一节　旅游保险合同的概念和特征

保险从成立到理赔的过程,实际上就是投保人与保险人订立和履行保险合同的过程。旅游保险合同是保险合同的一种。《中华人民共和国保险法》(1995 年颁布施行,2002 年修订)中对保险合同有明确的规定,旅游保险合同的签订、履行也应遵循这些规定,同时还应遵循我国《合同法》的有关规定。

一、保险合同的概念

保险合同是投保人与保险人约定保险权利义务关系的协议。这一概念有以下含义:

(1)保险合同的当事人只能是投保人和保险人,其中保险人只能是依法设立的保险公司。

(2)保险合同当事人间的关系是关于保险权利义务的关系。这种权利义务关系指的是:依照保险合同,投保人向保险人支付保险费,保险人则在约定的保险事故发生或者约定的保险事件出现或者期限届满时,履行赔偿或者给付保险金的义务。

(3)保险合同是当事人意思表示一致的结果。

二、旅游保险合同的概念

旅游保险合同是旅游者或旅游企业与保险人约定旅游保险权利义务关系的协议。它与其他保险合同不同的地方主要体现在：

(1)合同约定的赔偿范围发生在旅游期间。

(2)合同中投保人是旅游者或旅游企业。

(3)保险标的往往具有综合性。如旅游意外保险合同中保险标的既是游客财产，又是旅游者人身。

三、旅游保险合同的特征

旅游保险合同具有如下特征：

(一)旅游保险合同是射幸合同

射幸的本意是碰运气。也就是说，旅游保险合同的投保人一方支付保险费所获得的仅是一个机会，投保人可能一无所获，也可能获得远远大于所支付的保险费的收益；同样，保险人所赔付的保险金可能远远大于其所收取的保险费，但也可能收了保险费后不必承担任何赔偿责任。

[小思考]

旅游保险合同为什么会具有这种射幸性质？

(提示：这主要是因为旅游保险事故的发生具有偶然性，这使得保险合同中约定的给付保险金的条件的发生处于不确定的状态。)

(二)旅游保险合同是最大诚信合同

最大诚信原则是保险法的基本原则之一，同理，旅游保险合同也是最大诚信合同，要求保险当事人具有很高的诚信度。这主要是因为，一方面，保险合同的效力取决于投保人或被保险人的信息披露程度；另一方面，保险标的在一般情况下由被保险人控制，被保险人的任何非善意的行为都将可能导致保险标的危险程度增加或者促成保险危险发生。正因为此，保险法中规定了投保人的如实告知义务、危险增加的通知义务、保险人的说明义务等，这都是对当事人诚实信用的具体要求。

(三)旅游保险合同是格式合同

保险合同都是格式合同。合同条款由保险人单方面预先制定好了，投保人只能表示接受或不接受，即订立或不订立合同，而不能就合同内容与保险人协商。旅游保险合同也是如此。

[补充阅读]

保险合同的这一特点可能使投保人在合同中处于不利的地位，为对这一情形加以平衡，在对保险合同条款产生争议时，通常采取不利于保险人的解释。如我国

《保险法》第三十一条 规定："对于保险合同的条款，保险人与投保人、被保险人或者受益人有争议时，人民法院或者仲裁机关应当作有利于被保险人和受益人的解释。"

(四)旅游保险合同是双务合同

旅游保险合同的双方当事人互享权利、互负义务。如投保人负有依照合同的约定交纳保险费的义务，而保险人负有按约定的条件支付保险金的义务。

(五)旅游保险合同是有偿合同

旅游保险合同具有有偿性，即被保险人或受益人所获得的保险赔偿或者给付是以投保人交纳保险费为前提的，相应地，保险人收取保险费则以今后可能要赔偿或给付保险金为条件。

第二节 旅游保险合同的订立

一、旅游保险合同的当事人

旅游保险合同的当事人是指订立旅游保险合同并享有和承担旅游保险合同所确定的权利义务的人，包括投保人和保险人。

(一)投保人

投保人是指与保险人订立保险合同并按照保险合同负有支付保险费义务的人。投保人既可以是自然人也可以是法人，既可以是被保险人本人，也可以是被保险人以外的第三人。在旅游保险中，投保人主要是旅游者和旅行社。

投保人必须具有完全民事行为能力，而且对保险标的具有保险利益。投保人对保险标的不具有保险利益的，保险合同无效。

[小资料]

保险利益

保险利益是指投保人对保险标的具有的法律上承认的利益。根据《保险法》，投保人对下列人员具有保险利益：(1)本人；(2)配偶、子女、父母；(3)前项以外与投保人有抚养、赡养或者扶养关系的家庭其他成员、近亲属。此外，被保险人同意投保人为其订立合同的，视为投保人对被保险人具有保险利益。

(二)保险人

即承保人，是指与投保人订立保险合同，并承担赔偿或者给付保险金责任的保险公司。旅游保险的承保人必须是依照保险法设立的保险公司，其他单位和个人不得经营旅游保险。

二、旅游保险合同的关系人

旅游保险合同的关系人是指在保险事故或者旅游保险合同约定的条件满足时，对保险人享有保险金给付请求权的人，包括被保险人和受益人。

（一）被保险人

也被称为保户，是指财产或人身受保险合同保障，享有保险金请求权的人。被保险人可以是投保人自己，也可以是投保人以外的第三人。

（二）受益人

是指人身保险合同中由被保险人或者投保人指定的享有保险金请求权的人。受益人有下面一些特点：

(1)受益人由被保险人或者投保人指定产生，投保人、被保险人或第三人都可以为受益人。投保人指定受益人时须经被保险人同意。

(2)受益人只存在于人身保险合同中，财产保险合同中不存在受益人。

(3)受益人不受有无行为能力及保险利益的限制。

[小资料]

受益人只有一个吗？

我国《保险法》没有限定受益人的人数。被保险人或者投保人可以指定一人或者数人为受益人。受益人为多人的，被保险人或者投保人可以确定受益顺序和受益份额；未确定受益份额的，受益人按照相等份额享有受益权。

被保险人或者投保人还可以变更受益人，但应当书面通知保险人，投保人变更受益人时须经被保险人同意。

三、旅游保险合同的订立程序

旅游保险合同的订立，要经过投保和承保两个阶段。

（一）投保

投保是投保人向保险人提出保险请求的单方意思表示。如旅行社向保险公司提出保险请求。

（二）承保

承保是保险人的单方法律行为，是保险人承诺投保人的保险要约的意思表示。根据《保险法》的规定，投保人提出保险要求，经保险人同意承保，并就合同的条款达成协议，保险合同即成立。

[小思考]

在介绍合同法的时候，我们知道了合同的订立要经过要约和承诺两个阶段。请问，保险合同的订立，哪一阶段属于要约，哪一阶段属于承诺？

（提示：投保阶段属于要约，承保阶段属于承诺。）

在旅游保险合同的订立过程中，投保人和保险人都有相应的说明和告知义务。投保人应当将与保险标的有关的重要事实如实地告知保险人，保险人应当向投保人说明保险合同的条款内容。保险合同中规定了保险人的责任免除条款的，保险人在订立保险合同时应当向投保人明确说明，未明确说明的，该条款不产生效力。

四、旅游保险合同的主要条款

保险合同条款分为法定条款和任意条款，前者是指法律所规定的在保险合同基本条款中必须列入的条款；后者是指根据当事人的实际需要而列入的条款。

根据我国《保险法》的规定，保险合同的法定条款主要包括下列事项：

(1)保险人名称和住所。

(2)投保人、被保险人名称和住所，以及人身保险的受益人的名称和住所。

(3)保险标的。指作为保险对象的财产及其有关利益或者人的寿命和身体。

(4)保险责任和责任免除。

(5)保险期间和保险责任开始时间。

(6)保险价值。保险标的的保险价值，可以由投保人和保险人约定并在合同中载明，也可以按照保险事故发生时保险标的的实际价值确定。

(7)保险金额。保险金额简称保额，是保险人承担赔偿或者给付保险金责任的最高限额。保险金额不得超过保险价值；超过保险价值的，超过的部分无效。

(8)保险费以及支付办法。

(9)保险金赔偿或者给付办法。

(10)违约责任和争议处理。

(11)订立合同的年、月、日。

五、旅游保险合同的形式

旅游保险合同一般要求是书面合同。在实践中该类合同主要以三种形式出现：

(1)由双方当事人共同签署的合同。

(2)由投保人提交投保申请书，由保险公司签发保险单。

(3)运输部门出售的客票有的也是一种保险形式，有的旅游点出售的门票也兼做旅游保险凭证。

六、旅游保险合同的无效

保险合同可因法律规定或者当事人约定的原因而发生全部无效或者部分无效。引起保险合同无效的原因有两大类，一类是合同法所规定的合同无效的原因，如合同内容违法、恶意串通等；另一类是保险法所规定的原因，主要有：

(1)保险金额超过保险价值的,超过部分无效。

(2)投保人对保险标的无保险利益。

(3)未经被保险人书面同意的以死亡为给付保险金条件的保险(法律另有规定的除外)。

(4)保险人未对投保人做出说明的免责条款等。

[小资料]

中国人寿保险公司

国寿个人旅游意外伤害保险条款

(2001年6月经中国保险监督管理委员会核准备案)

第一条　保险合同的构成

国寿个人旅游意外伤害保险合同(以下简称本合同)由保险单及所附条款、批注、批单有关的投保单、声明和其他书面协议共同构成。

第二条　投保范围

凡出生满180日以上,70周岁以下,身体健康、适合旅行的中国公民及外国人,均可作为被保险人,由本人或对其具有保险利益的人作为投保人向中国人寿保险公司(以下简称本公司)投保本保险。

第三条　保险责任

在本合同有效期间内,本公司负下列保险责任:

一、被保险人因遭受意外伤害且自意外伤害发生之日起180日内因同一原因死亡的,本公司按意外保险金额给付死亡保险金,本合同对该被保险人的保险责任终止。

二、被保险人因意外事故下落不明,经人民法院宣告死亡的,本公司按意外保险金额给付死亡保险金,本合同对该被保险人的保险责任终止。

三、被保险人因遭受意外伤害且自意外伤害发生之日起180日内因同一原因身体残疾的,本公司根据中国人民银行1998年制定的《人身保险残疾程度与保险金给付比例表》的规定,按意外保险金额及该项残疾所对应的给付比例给付残疾保险金。如治疗仍未结束的,按第180日的身体情况进行残疾鉴定,并据此给付残疾保险金。

被保险人因同一意外伤害造成一项以上身体残疾时,本公司给付对应项残疾保险金之和。但不同残疾项目属于同一手或者同一足时,本公司仅给付其中一项残疾保险金;如残疾项目所对应的给付比例不同时,仅给付其中比例较高一项的残疾保险金。

四、被保险人因遭受意外伤害或因急重症在县级以上(含县级)医院或者本公司认可的医疗机构诊疗所支出的、符合当地社会医疗保险主管部门规定可予以报销的医疗费用，本公司在医疗保险金额范围内，扣除本合同约定的免赔额后，将其余额按一定比例给付医疗保险金。免赔额和给付比例由投保人在投保时与本公司协商确定，并在保险单上载明。

保险期间届满被保险人治疗仍未结束的，本公司所负给付保险金的期限，自保险期间届满的次日起计算，门诊治疗者以15日为限；住院治疗者至出院之日止，但最长以90日为限。

五、被保险人因本条第一款原因死亡后的死亡处理及遗体遣返所实际支出的费用，本公司在丧葬保险金额范围内给付丧葬保险金。

六、本公司所负各项给付保险金的责任以相应的保险金额为限，当本公司对被保险人一次或者累计给付的保险金达到某项保险金额时，本合同对该被保险人的该项保险责任终止。

第四条 责任免除

因下列情形之一，造成被保险人死亡、残疾、支出医疗费用或者发生死亡处理及遗体遣返费用的，本公司不负给付保险金责任：

一、投保人、受益人对被保险人的故意杀害、伤害；

二、被保险人故意犯罪或者拒捕；

三、被保险人殴斗、醉酒、自杀、故意自伤及服用、吸食、注射毒品；

四、被保险人受酒精、毒品、管制药物的影响而导致的意外；

五、被保险人酒后驾驶、无照驾驶或者驾驶无有效行驶证的机动交通工具；

六、被保险人流产、分娩；

七、被保险人因整容手术或者其他内、外科手术导致医疗事故；

八、被保险人未遵医嘱，私自服用、涂用、注射药物；

九、被保险人从事潜水、跳伞、攀岩运动、探险活动、武术比赛、摔跤比赛、特技表演、赛马、赛车等高风险运动；

十、被保险人患有艾滋病或者感染艾滋病毒（HIV 呈阳性）期间；

十一、被保险人投保前已有残疾的治疗和康复；

十二、被保险人投保时已患有疾病，且不适合旅行的；

十三、未经本公司同意的转院诊疗；

十四、被保险人健康护理等非治疗性行为；

十五、被保险人在康复医院、联合诊所、民办医院、私人诊所、家庭病床、挂床等治疗；

十六、被保险人洗牙、洁齿、整容、矫形、验眼配镜、装配义眼、假牙、义肢或者助听器等；

十七、被保险人乘坐未经国家有关部门许可的交通工具；

十八、战争、军事冲突、暴乱或者武装叛乱；

十九、核爆炸、核辐射或者核污染。

第五条　保险期间

本合同的保险期间最长为一年，由投保人在投保时选择，并在保险单上载明。本合同的保险期间自本公司同意承保、收取保险费并签发保险单的次日零时起至期满日二十四时止。

第六条　保险金额和保险费

本合同的保险金额和保险费收费标准见附表一和附表二。（略）

第七条　如实告知

订立本合同时，本公司应向投保人说明本合同的条款内容，特别是责任免除条款，并可以就投保人、被保险人的有关情况提出书面询问，投保人和被保险人应当如实告知。

投保人故意不履行如实告知义务，本公司有权解除本合同，并对于本合同解除前发生的保险事故，不承担给付保险金的责任，并不退还保险费。

投保人因过失未履行如实告知义务，对保险事故的发生有严重影响的，或足以影响本公司决定是否同意承保或者提高保险费率的，本公司都有权解除本合同。本公司对于本合同解除前发生的保险事故，不承担给付保险金的责任，但可以退还保险费。

第八条　受益人的指定和变更

被保险人或者投保人可以指定一人或者数人为死亡保险金和丧葬保险金的受益人。受益人为数人的，被保险人或者投保人可以确定受益顺序和受益份额；未确定受益份额的，受益人按照相等份额享有受益权。

被保险人或者投保人可以变更受益人，但须书面通知本公司，由本公司在保险单上批注。投保人指定或者变更受益人时，须经被保险人书面同意。

残疾保险金和医疗保险金的受益人为被保险人本人，本公司不受理其他指定或变更。

第九条　保险事故的通知

投保人、被保险人或者受益人应于知道或者应当知道保险事故发生之日起5日内通知本公司，否则，投保人、被保险人或者受益人应承担由于通知迟延致使本公司增加的勘察、检验等项费用，但因不可抗力导致的迟延除外。

第十条　保险金的申请

一、被保险人死亡的，由其受益人作为申请人，填写保险金给付申请书，并凭下列证明和资料向本公司申请给付保险金：

1. 保险单及保险费交费凭证；
2. 受益人户籍证明或者身份证明；
3. 公安部门或者本公司认可的医疗机构出具的被保险人死亡证明书；

4. 被保险人户籍注销证明；

5. 如被保险人因意外事故下落不明被宣告死亡，受益人须提供人民法院出具的宣告死亡证明文件；

6. 受益人所能提供的与确认保险事故的性质、原因等有关的其他证明和资料。

二、被保险人残疾的，由被保险人作为申请人，填写保险金给付申请书，并凭下列证明和资料向本公司申请给付保险金：

1. 保险单及保险费交费凭证；

2. 被保险人户籍证明或者身份证明；

3. 由本公司认可的医疗机构或者医师出具的被保险人残疾程度鉴定书；

4. 被保险人所能提供的与确认保险事故的性质、原因、伤害程度等有关的其他证明和资料。

三、被保险人支出医疗费用的，由被保险人作为申请人，填写保险金给付申请书，并凭下列证明和资料向本公司申请给付保险金：

1. 保险单及保险费交费凭证；

2. 被保险人的户籍证明或者身份证明；

3. 县级以上（含县级）医院或者本公司认可的医疗机构出具的医疗费用收据、诊断证明、病历；

4. 被保险人所能提供的与确认保险事故的性质、原因等有关的其他证明和资料。

四、本公司收到申请人的保险金给付申请书及本条第一、第二或者第三款所列证明和资料后，对确定属于保险责任的，在与申请人达成有关给付保险金数额的协议后十日内，履行给付保险金义务。对不属于保险责任的，向申请人发出拒绝给付保险金通知书。

五、本公司自收到申请人的保险金给付申请书及本条第一、第二或者第三款所列证明和资料之日起六十日内，对属于保险责任而给付保险金的数额不能确定的，根据已有证明和资料，按可以确定的最低数额先予支付，本公司最终确定给付保险金的数额后，给付相应的差额。

六、如被保险人在被宣告死亡后生还的，受益人应于知道或者应当知道被保险人生还后三十日内退还本公司已支付的保险金。

七、被保险人或者受益人对本公司请求给付保险金的权利，自其知道或者应当知道保险事故发生之日起二年不行使而消灭。

第十一条　投保人解除合同的处理

本合同成立后，投保人不得要求解除本合同。

第十二条　争议处理

合同争议的解决方式，由当事人在合同中约定从下列两种方式中选择一种：

(一)因履行本合同发生的争议,由当事人协商解决,协商不成的,提交×××仲裁委员会仲裁;

(二)因履行本合同发生的争议,由当事人协商解决,协商不成的,依法向保险单签发地有管辖权的人民法院提起诉讼。

第十三条 释义(略)

(资料来源:中国人寿保险股份有限公司网站 http://www.e-95519.com/esale/selfservice/application/doc/LY.htm)

第三节 旅游保险合同的变更、解除与终止

一、旅游保险合同的变更

(一)旅游保险合同变更的类型

旅游保险合同在履行完毕之前,当事人可以变更合同。合同的变更分为两种类型:

(1)投保人或被保险人的变更。指投保人或被保险人在合同的有效期内将保险合同利益转让给第三人。

(2)保险内容的变更。指在保险合同有效期内对保险合同的内容进行的修改或补充,如保险标的的数量增减、保险价值的增减、保险费的变化、受益人的变更等,都是保险内容的变更。

(二)旅游保险合同的变更方式

旅游保险合同的变更,无论是主体变更还是内容变更,一般都应经双方协商同意。也就是说,旅游保险合同必须经过投保人与保险人协商一致后,发生的变更才有效力。但也有例外情况,如被保险人是不记名的可不经协商就变更。又如,当保险标的的保险价值明显减少、保险标的危险程度明显减少等情况出现时,保险人应当降低保险费,并按日计算退还相应的保险费。

当事人同意变更保险合同时,应当由保险人在原保险单或者其他保险凭证上批注或者附贴批单,或者由投保人和保险人订立变更的书面协议。

[小思考]

想一想,生活中哪些旅游保险合同的被保险人是可随意变更的?

(提示:某些旅游点出售的门票含有保险,而门票是不记名的,当某人转让门票时,被保险人也就改变了;同样道理,如果车票中含有保险,转让车票时,同样改变了被保险人。)

二、旅游保险合同的解除

旅游保险合同的解除是指在旅游保险合同成立后，基于法定的或约定的事由，保险当事人行使解除权，从而使旅游保险合同自始无效的单方法律行为。在投保人和保险人的解除权分配上，法律的规定是不一样的。

（一）投保人的解除权

《中华人民共和国合同法》第十五条规定：“除本法另有规定或者保险合同另有约定外，保险合同成立后，投保人可以解除保险合同。”也就是说，只要法律没有另外规定，合同没有另外约定，原则上，投保人可以随时解除保险合同。

［小资料］

投保人要求解除合同后保险费如何算？

根据我国《保险法》的规定，保险责任开始前，投保人要求解除合同的，应当向保险人支付手续费，保险人应当退还保险费。保险责任开始后，投保人要求解除合同的，保险人可以收取自保险责任开始之日起至合同解除之日止期间的保险费，剩余部分退还投保人。

（二）保险人的解除权

《中华人民共和国合同法》第十六条规定：“除本法另有规定或者保险合同另有约定外，保险合同成立后，保险人不得解除保险合同。”也就是说，只要法律没有另外规定，合同没有另外约定，原则上保险人不得解除保险合同。这与投保人的解除权正好相反。

法律规定的保险人可以解除保险合同的情况主要有：

（1）投保人故意隐瞒事实，不履行如实告知义务的，或者因过失未履行如实告知义务，足以影响保险人决定是否同意承保或者提高保险费率的，保险人有权解除保险合同。

（2）被保险人或者受益人在未发生保险事故的情况下，谎称发生了保险事故，向保险人提出赔偿或者给付保险金的请求的，保险人有权解除保险合同，并不退还保险费。

（3）投保人、被保险人或者受益人故意制造保险事故的，保险人有权解除保险合同，不承担赔偿或者给付保险金的责任。

（4）投保人、被保险人未按照约定履行其对保险标的安全应尽的责任的，保险人有权要求增加保险费或者解除合同。

（5）在合同有效期内，保险标的危险程度增加的，被保险人按照合同约定应当及时通知保险人，保险人有权要求增加保险费或者解除合同。

（6）投保人申报的被保险人年龄不真实，并且其真实年龄不符合合同约定的年龄限制的，保险人可以解除合同（但是自合同成立之日起逾 2 年的除外）。

三、旅游保险合同的终止

旅游保险合同的终止是指旅游保险合同的效力永久性停止从而使得保险合同规定的当事人之间的权利义务消灭。

旅游保险合同终止的原因主要有：

(1)保险合同因期限届满而终止。

(2)保险合同因保险赔偿金或保险金的给付而终止。

(3)保险合同因解除而终止。

(4)保险标的发生部分损失的，在保险人赔偿后30日内，投保人可以终止合同，除合同约定不得终止的外，保险人也可以终止合同。

(5)在以生存作为给付条件的人身保险合同中，被保险人或者受益人死亡，保险合同终止。

第四节　旅游保险合同的履行

一、投保人和保险人的义务

(一)投保人的义务

投保人有下列义务：

1. 交纳保险费

有的要求一次付清，有的允许分期支付。

2. 发生保险事故时及时通知保险人

保险事故发生后及时通知保险人，有利于投保人及时得到赔偿，有利于保险人采取必要的措施防止损失扩大或者保全保险标的的残余部分，也有利于保险人搜集证据、勘察现场，及时、正确地做出赔偿决定。

3. 维护保险标的的安全

投保人、被保险人应按照约定履行其对保险标的的安全应尽的责任，保险人可以对保险标的的安全状况进行检查，及时向投保人、被保险人提出消除不安全因素和隐患的书面建议。

4. 危险程度增加的通知义务

在合同有效期内，保险标的危险程度增加的，被保险人按照合同约定应当及时通知保险人。否则，因此而发生的保险事故保险人不承担赔偿责任。

5. 采取必要措施防止或者减少损失的义务

保险事故发生时，被保险人有责任尽力采取必要的措施，防止或者减少损失。

被保险人为此所支付的必要的、合理的费用,由保险人承担;保险人所承担的数额在保险标的损失赔偿金额以外的另行计算,最高不超过保险金额的数额。

(二)保险人的义务

保险人的主要义务有:

1. 支付保险金的义务

(1)保险金的给付期限。保险人收到被保险人或者受益人的赔偿或者给付保险金的请求后,应当及时做出核定,并将核定结果通知被保险人或者受益人;对属于保险责任的,在与被保险人或者受益人达成有关赔偿或者给付保险金额的协议后10日内,履行赔偿或者给付保险金义务。保险合同对保险金额及赔偿或者给付期限有约定的,保险人应当依照保险合同的约定履行赔偿或者给付保险金义务。

(2)先行支付。保险人自收到赔偿或者给付保险金的请求和有关证明、资料之日起60日内,对其赔偿或者给付保险金的数额不能确定的,应当根据已有证明和资料可以确定的最低数额先予支付;保险人最终确定赔偿或者给付保险金的数额后,应当支付相应的差额。

(3)保险金给付请求权的消灭。被保险人或受益人对保险人请求赔偿或者给付保险金的权利,自其知道保险事故发生之日起2年不行使而消灭。但是,人寿保险的被保险人或者受益人对保险人请求给付保险金的权利,自其知道保险事故发生之日起5年不行使而消灭。

2. 保密义务

保险人对在办理业务过程中了解到的投保人、被保险人、受益人的业务和财产情况以及其他情况,负有保密的义务。

二、旅游保险事故

旅游保险事故是指在旅游过程中发生的,旅游保险合同约定的保险责任范围内的事故。构成旅游保险事故必须具备三个基本条件:

(1)发生在旅游过程中。

(2)已造成旅游者人身伤亡或财产损失且达到一定程度。

(3)能引起保险人的赔偿责任。

旅游保险事故主要分成自然事故和意外事故两大类。自然事故如地震、海啸、火山爆发、暴风雨等,人力不能避免也无法控制。意外事故如交通事故、坠落事故、溺水事故等。一般情况下,下列三种事故不属于意外事故,保险公司不负赔偿责任:

(1)旅游者故意造成的事故,如自杀、自伤、跳车、斗殴和犯罪行为等。

(2)旅游者的生理现象引起的事故,如分娩、晕车等。

(3)其他原因引起的事故，如药物中毒、酗酒、麻醉、战争或其他军事行动引起的事故。

(4)轻微损伤。

三、索赔与理赔

索赔与理赔并不是每一个旅游保险的必经阶段。只有在满足下列条件时才可能出现索赔与理赔问题：

(1)旅游保险合同已合法成立。

(2)被保险人在旅游过程中发生了旅游保险事故。

(3)有符合条件的索赔人(可以是投保人，也可以是受益人或被保险人的法定继承人)。

(4)索赔申请在有效期限内提出。

(一)索赔

索赔是指投保人或者被保险人在保险标的因保险事故而遭受损失后，依保险合同有关条款的规定，向保险人要求支付赔偿金的行为。索赔按下列程序进行：

1. 提出出险通知

旅游保险事故发生后，投保人、被保险人或受益人应将发生保险事故的时间、地点、原因及其他相关情况尽快通知保险人。同时，应采取合理措施保护出险现场。

2. 提供索赔需要的材料

索赔应提供下列证件或证明：(1)旅游保险合同存在的证明，如旅游保险合同书、保险单或有关票据；(2)关于旅游保险事故的证明，一般由相关的主管部门出具，如交通管理机关、公安机关、旅游行政机关；(3)关于人身伤亡或财产损失情况的证明，一般由医疗单位或公安部门出具；(4)关于申请人身份的证件、证据，如身份证、户口簿和其他身份证明材料。

3. 提出索赔申请

被保险人应在法定的时间内提出索赔申请，行使索赔权。

(二)理赔

理赔是指保险人应索赔人的请求，根据保险合同的规定审核保险责任并处理保险赔偿的行为。理赔按下列程序进行：

1. 立案检验

保险人接到出险通知后，应立即核对保险单，并派人到现场勘察，了解损失情况及原因。

2. 审核责任

保险人应审核被保险人提供的单证是否齐全、真实，审核损失是否发生在保险有效期内,审核损失是否在责任范围内等。保险人认为有关的证明和资料不完整的,应当通知投保人、被保险人或者受益人补充提供有关的证明和资料。保险人、被保险人为查明和确定保险事故的性质、原因和保险标的的损失程度所支付的必要的、合理的费用,由保险人承担。

3. 核算损失,给付赔偿金

保险人应及时履行赔偿或给付保险金的义务。保险人未及时履行这一义务的,除支付保险金外,应当赔偿被保险人或者受益人因此受到的损失。

保险人对责任保险的被保险人给第三者造成的损害,可以依照法律的规定或者合同的约定,直接向该第三者赔偿保险金。比如,作为被保险人的旅行社给游客造成损害,保险公司可直接向游客赔偿保险金。

[补充阅读]

现在许多保险公司都有全国范围内的理赔服务。"在哪保,在哪赔"的模式逐渐被打破。实行全国通赔最能满足那些在外地旅游的游客的需求。游客在外地因病住院、发生各种意外而涉及保险理赔时,可及时与保险公司在当地的分公司取得联系,以解燃眉之急。旅行社或游客在选择保险产品时,也应注意保险公司是否实行通赔。

四、保险人代位求偿权的行使

我国《保险法》还规定了财产保险中保险人的代位求偿权,这一规定同样适用于仅涉及财产内容的旅游保险。

在财产保险中经常遇到这样的情况:保险标的发生了保险责任范围内的损失,而该损失是由第三人造成的,这时投保人既可以向第三人要求赔偿,也可以向保险公司要求赔偿。如果投保人选择了向保险公司要求赔偿,保险公司承担了保险金给付责任后,便取得了对第三人即责任人的追偿权利。

理解保险人的代位求偿权要注意以下几点:

(1)代位求偿权只适用于财产保险,不适用于人身保险。

(2)保险事故是由第三人造成的,被保险人因保险事故而对第三人享有赔偿请求权。

(3)保险人只有在向被保险人支付了保险金后才能行使对第三人的代位求偿权,而且,保险人向第三人追偿的金额不得超过其向被保险人支付的保险金额。

(4)保险人不得对被保险人的家庭成员或者其组成人员行使代位请求赔偿的权利,除非被保险人的家庭成员或者其组成人员故意造成保险事故。

(5)保险人行使代位请求赔偿的权利,不影响被保险人就未取得赔偿的部分继续向第三人要求赔偿。

(6)保险事故发生后,保险人未赔偿保险金之前,被保险人放弃对第三人的请求赔偿的权利的，保险人可以不再承担赔偿保险金的责任。保险人向被保险人赔偿保险金后，被保险人未经保险人同意放弃对第三人请求赔偿的权利的，该行为无效。由于被保险人的过错致使保险人不能行使代位请求赔偿的权利的，保险人可以相应扣减保险赔偿金。

(7)保险人向第三人行使代位请求赔偿权利时，被保险人应当向保险人提供必要的文件及其所知道的有关情况。

关键词汇

保险合同　旅游保险合同　旅游保险合同的当事人　投保人　保险人　旅游保险合同的关系人　被保险人　受益人　投保　承保　旅游保险合同的解除　旅游保险合同的终止　旅游保险事故　索赔　理赔

经典案例

某旅行社于2005年1月向某保险公司投保了旅行社责任保险，约定扩展承保与被保险人有雇佣关系的一名随团导游人员在发生保险事故时因抢救游客的人身或财产而导致的人身伤亡。2005年5月，该旅行社导游人员李某带团到云南进行为期5天的游览。在去景点的路上，因汽车颠簸，行李架上的行李即将掉下砸向座位上的游客，李某见状急忙起身挡住行李并把行李扣好，在回座位时，车子再次颠簸，李某不慎摔倒。经诊断，李某为腰椎压缩性骨折，共花去医疗费4万余元。其间，驾驶员陈某同意一次性支付李某医疗费、误工费等共计9000元，并约定今后双方无任何牵连。

李某遂向保险公司索赔。保险公司认为，李某擅自与陈某达成协议，主动放弃对责任方的索赔权利，违反了《保险法》的相关规定，即保险事故发生后，保险人未赔偿保险金之前，被保险人放弃对第三者的请求赔偿权利的，保险人不承担赔偿保险金的义务。因此，拒绝了李某的要求。李某便起诉至法院，要求保险公司赔偿各项损失共计7万余元。

因双方意见分歧很大，法院组织调解，最终保险公司同意一次性支付原告李某医疗费、误工费等共计3万元。

请对此案做出分析。

分析：(1)导游人员李某是因抢救游客的人身财产而受伤，符合旅行社与保险公司的保险合同中约定的赔偿条件。(2)《保险法》规定，保险事故发生后，保险人未赔偿保险金之前，被保险人放弃对第三人的请求赔偿的权利的，保险人可以不再承担赔偿保险金的责任。

该法还规定，由于被保险人的过错致使保险人不能行使代位请求赔偿的权利的，保险人可以相应扣减保险赔偿金。本案中，李某擅自与陈某达成协议，主动放弃对责任方的索赔权利，的确违反了《保险法》的相关规定，保险公司拒赔或少赔有一定的道理。(3)本案最终以法院调解结束这一保险纠纷，应该说是一个各方能接受的较好的结果。

思考与训练

1. 旅游保险合同有何特征？

2. 受益人是如何确定的？

3. 旅游保险合同的主要条款是什么？

4. 什么情况下旅游保险合同无效？

5. 旅行社投保后，可以随时解除保险合同吗？

6. 什么情况下保险公司有权解除保险合同？

7. 旅行社作为投保人有何义务？

8. 构成旅游保险事故必须具备什么基本条件？

9. 旅行社如何向保险公司索赔？

10. 怎样理解保险人的代位求偿权？

11. 实践训练：作为旅行社工作人员，你将如何负责向保险公司投保？

12. 实践训练：某旅行社为每位参加旅游的游客都买了一份人身意外伤害保险，并将保险单交游客自己保管。游客陈某在旅途中意外摔伤，但在向保险公司索赔时却找不到保险单，被保险公司拒赔。陈某只好向旅行社求救，如果你是旅行社工作人员，你将如何处理？

(提示：保单是保险合同存在的证据，陈某丢失保单，将难以证明保险合同的存在。但意外险是旅行社统一购买的，旅行社可以采取与保险公司协商的办法，提供其他相关证明材料，尽量说服保险公司，维护游客的应有权益。为避免此类事件出现，旅行社也可采取统一保管游客保单的做法。)

13. 实践训练：2004年8月，许某参加了某旅行社组织的在一海边城市的旅游活动。旅游日程中有一个项目是去海滨浴场游泳。许某与他人一道下到海水里，几阵海浪过后，大家发现许某已不见踪影。经过几小时寻找，才在礁石间发现了已溺水而亡的许某。据悉：海滨浴场门票含有人身意外伤害险5万元；许某自己保了旅游意外险10万元；旅行社办理了旅行社责任险。

请问，许某的父母至少有哪几种索赔途径？

(提示：1. 许某在旅游中发生意外，属于旅游意外险的赔偿范围，许某父母可以向保险公司要求给付旅游意外险的10万元保险金。2. 许某的死亡与海滨浴场的疏于管理有密切关系，海滨浴场应承担一定的责任。由于海滨浴场门票含有人身意外伤害险5万元，这5万元应支付给许某父母。同时，许某父母还可就进一步赔偿与海滨浴场协商,或向法院起诉。3. 许某父母也可以向旅行社要求赔偿。许某在旅行社安排的旅游项目中死亡,旅行社也存在一定的违约责任。由于旅行社办理了旅行社责任险,旅行社可将保险公司支付的保险金支付给许某父母。许某父母还可就进一步赔偿与旅行社协商,或向法院起诉。4. 当然,许某的父母也可直接向法院起诉旅行社和海滨浴场,由法院作出判决。)

第九章 旅行社责任保险和旅游意外险

本章导读

旅行社必须投保旅行社责任险，而且，旅行社还有义务向旅游者推荐合适的旅游意外险。本章介绍了旅行社责任险和旅游意外险的相关知识，包括：旅行社责任保险的概念、特征、保险责任范围、法律责任、旅游意外险的概念和种类、旅游意外保险合同的主体和主要内容以及旅行社对旅游意外险的推广等。

第一节 旅行社责任保险

一、旅行社责任保险的概念

旅行社责任保险是指旅行社根据保险合同的约定，向保险公司支付保险费，保险公司对旅行社在从事旅游业务经营活动中，致使旅游者人身、财产遭受损害应由旅行社承担的责任，承担赔偿保险金责任的行为。旅行社责任保险是现阶段我国旅游保险中的一个主要险种，对维护旅游者和旅行社的合法权益起着重要作用。

二、旅行社责任保险的特征

（一）旅行社责任保险属于强制保险

2001年5月15日，国家旅游局颁布了《旅行社投保旅行社责任保险规定》，其第二条规定："旅行社从事旅游业务经营活动，必须投保旅行社责任保险。"也就是说，旅行社责任保险是旅行社必须投保的，没有商量的余地。而且，旅游行政管理部门还将旅行社责任保险投保和理赔情况纳入旅行社年检范围，不投保责任险的旅行社还要受到相应的处罚。

[小资料]

1997年5月13日，国家旅游局发布了《旅行社办理旅游意外保险暂行规定》，自1997年9月1日起施行。在2001年实行旅行社责任保险这一法定强制保险以前，我国旅行社组织团队旅游，为旅游者办理的就是这种旅游意外保险。2001年国家旅游局颁布了《旅行社投保旅行社责任保险规定》后，废止了《旅行社办理旅游意外保险暂行规定》。

（二）旅行社责任保险的受益人为旅行社

旅行社责任保险的投保人是旅行社，被保险人和受益人也是旅行社。这一险种的设立目的就是为了转嫁旅行社的经营风险，更好地保护旅游者和旅行社的利益。

[补充阅读]

正因为旅行社责任保险的投保人是旅行社，受益人也是旅行社，因此，保险费自然也应由旅行社承担。有的旅行社在销售旅游产品时，在产品价格中列出旅行社责任保险的保险费，这其实是违规的做法。为此，《旅行社投保旅行社责任保险规定》第十六条特别规定："旅行社投保旅行社责任保险的保险费，不得在销售价格中单独列项。"

（三）旅行社责任保险的保障范围是旅行社应当承担的责任

在旅行社责任保险当中，保险公司只对旅行社在从事旅游业务经营活动中，致使旅游者人身、财产遭受损害应由旅行社承担的责任负责。而且，保险公司也不是对所有的旅行社应承担的责任负责，而只对保险合同中约定的赔付范围负责。

三、旅行社责任保险合同

旅行社责任保险合同是指以旅行社在旅游活动中应当承担的赔偿责任为保险标的，旅行社与保险公司约定在旅游活动中权利和义务的协议。

（一）保险责任范围

旅行社应当对旅行社依法承担的下列责任投保旅行社责任保险：

（1）旅游者人身伤亡赔偿责任。

（2）旅游者因治疗支出的交通、医药费赔偿责任。

（3）旅游者死亡处理和遗体遣返费用赔偿责任。

（4）对旅游者必要的施救费用，包括必要时近亲属探望需支出的合理的交通、食宿费用，随行未成年人的送返费用，旅行社人员和医护人员前往处理的交通、食宿费用，行程延迟需支出的合理费用等赔偿责任。

（5）旅游者行李物品的丢失、损坏或被盗所引起的赔偿责任。

（6）由于旅行社责任争议引起的诉讼费用。

（7）旅行社与保险公司约定的其他赔偿责任。

（二）保险人不承担责任的范围

根据《旅行社投保旅行社责任保险规定》，下列情况下旅行社不承担赔偿责任：

（1）旅游者在旅游行程中，由自身疾病引起的各种损失或损害，旅行社不承担赔偿责任。

（2）旅游者参加旅行社组织的旅游活动，应当服从导游人员或领队的安排，在行程中注意保护自身和随行未成年人的安全，妥善保管所携带的行李、物品。由于旅游者个人过错导致的人身伤亡和财产损失,以及由此导致需支出的各种费用,旅行社不承担赔偿责任。

(3)旅游者在自行终止旅行社安排的旅游行程后,或在不参加双方约定的活动而自行活动的时间内发生的人身、财产损害,旅行社不承担赔偿责任。

因为旅行社责任保险的保险人只对旅行社的责任承保,因此,旅行社不承担赔偿责任的情况自然也不属于保险人的承保范围。

(三)保险期限

旅行社责任保险的保险期限为 1 年。即旅行社投保旅行社责任保险后,在 1 年的保险期限内,如果发生投保范围内的赔偿责任,保险公司就应赔偿。

(四)保险金额

旅行社办理旅行社责任保险的保险金额不得低于下列标准:(1)国内旅游每人责任赔偿限额人民币 8 万元,入境旅游、出境旅游每人责任赔偿限额人民币 16 万元;(2)国内旅行社每次事故和每年累计责任赔偿限额人民币 200 万元,国际旅行社每次事故和每年累计责任赔偿限额人民币 400 万元。如果旅行社应赔偿的金额超过这一限额,超过部分由旅行社自行承担。

旅行社组织高风险旅游项目可另行与保险公司协商投保附加保险事宜。

(五)投保

旅行社投保旅行社责任保险,必须在境内经营责任保险的保险公司投保,且应选择保险业务信誉良好、服务网络面广、无不良经营记录的保险公司投保。

旅行社投保旅行社责任保险采取按年度投保的方式,与承保保险公司签订书面合同。

(六)索赔

在保险期限内发生保险责任范围内的事故时,旅行社应及时取得事故发生地公安、医疗、承保保险公司或其分、支公司等单位的有效凭证,向承保保险公司办理理赔事宜。

旅行社对保险公司请求赔偿或者给付保险金的权利期限为 2 年,即旅行社应当在知道保险事故发生之日起 2 年内行使请求赔偿权。

四、对旅行社投保情况的监督管理

县级以上人民政府旅游行政管理部门负责对旅行社投保旅行社责任保险的情况进行监督检查,并将旅行社责任保险投保和理赔情况纳入旅行社年检范围。旅行社应当妥善保管旅行社责任保险投保和理赔的相关资料,接受旅游行政管理部门的检查;在理赔案件发生后,应及时将理赔情况报当地旅游行政管理部门备案。

五、法律责任

旅行社责任保险是法定的强制保险，旅行社必须投保旅行社责任保险，而且，旅行社还应遵守旅行社责任保险的相关规定和国家法律的规定，否则将承担相应责任。

(1)旅行社违反规定，未投保旅行社责任保险并逾期不予改正的，可能面临责令停业整顿15天至30天，并处人民币5000元以上2万元以下的罚款；情节严重的，还可能被吊销《旅行社业务经营许可证》。

(2)旅行社投保旅行社责任保险的责任范围小于规定的要求的，或者投保旅行社责任保险的金额低于基本标准的，将受到旅游行政管理部门的警告；如果逾期不予改正，可能被处以人民币5000元以上1万元以下的罚款。

(3)旅行社、旅游者或者受益人有下列行为之一，进行保险诈骗活动构成犯罪的，依法追究刑事责任：①旅行社故意虚构保险标的骗取保险金的；②未发生保险事故而谎称发生保险事故骗取保险金的；③故意造成财产损失的保险事故骗取保险金的；④伪造、编造与保险事故有关的证明、资料和其他证据，或者指使、唆使、收买他人提供虚假证明、资料和其他证据，编造虚假的事故原因或者夸大损失程度，骗取保险金的。

[小思考]

有人说，旅行社责任保险只保护旅行社的利益，对游客没有任何意义，这句话对吗？

(提示：这句话不对。我国的旅行社绝大多数是中小旅行社，抵御风险的能力较弱，一些涉及金额较大的赔偿旅行社可能无力承担。旅行社责任保险不仅可以保障旅行社的利益，减少旅行社因为履行损害赔偿责任所受到的利益损失，而且可以保护旅游者，使旅游者可以获得及时的赔偿。)

第二节　旅游意外险

在旅游过程中，旅游者面临的风险是多种多样的。有的属于旅行社的责任，有的不属于。如果不属于旅行社的责任，即使投保了旅行社责任险，保险公司也将不予赔偿。这时游客可自行购买相关的个人保险，如旅游意外险。不少游客认为旅行社已投保“旅行社责任险”，自己不必再投保意外险，这其实是一种误解。

是否购买旅游意外险完全取决于游客的意愿。但为了充分保障游客的利益，《旅行社管理条例实施细则》和《旅行社投保旅行社责任保险规定》都明确规定，旅行社在与旅游者订立旅游合同时，应当推荐旅游者购买相关的旅游者个人保险。

因此,作为旅行社工作人员,应对旅游意外险有基本的了解。

一、旅游意外险的概念和种类

旅游意外保险是指投保人向保险公司支付保险费,双方约定在发生自然灾害或旅游者遭遇意外事故时,由保险公司按合同约定向旅游者支付保险金的保险。

旅游意外险的种类很多,如旅游救助保险、旅游人身意外伤害险、游客意外伤害险、住宿游客人身保险、户外运动专项保险、旅游医疗险、航空运输人身意外伤害险、铁路旅行意外伤害保险等。而且,各保险公司针对游客的实际需求,还在不断改进和推出新的旅游意外保险产品。

[小资料]

是否购买旅游意外险虽然取决于游客的意愿,但是也有例外情况:游客没有特意购买旅游意外险,但也可能已不自觉地加入了旅游意外险。比如,火车票是旅客乘车的凭证,但同时也是旅客加入铁路旅行意外伤害强制保险的凭证。《铁路旅客意外伤害强制保险条例》(1951 年 4 月 24 日发布)第五条规定:“旅客之保险金额,不论坐席等次、全票、半票、免票,一律规定为每人人民币 1500 元。”(现为 2 万元)第六条规定:“旅客之保险费,包括于票价之内,一律按基本票价百分之二收费。”也就是说,游客只要购买了火车票,就购买了铁路旅行意外伤害保险。

法国、德国、荷兰等申根协议国对申请去该区域旅行的中国公民,提出了强制性保险要求,办理签证必须提供等值于 3 万欧元保额以上、含全球紧急援助功能的国际旅行保险保单和复印件。

二、旅游意外保险合同

旅游意外保险合同是投保人与承保保险公司约定在旅游活动中的权利义务关系的协议。

(一)旅游意外保险合同的主体

1. 投保人

旅游意外保险合同的投保人通常是旅游者,但也可能是旅游者所在单位或旅游团体。旅行社也可能成为旅游意外险的投保人。

2. 保险人

即承保的保险公司,可以由投保人选择。

3. 被保险人

旅游意外保险合同的被保险人可以是投保人自己,也可以是投保人以外的第三人,但都是旅游者。

4. 受益人

旅游意外保险合同的受益人由被保险人或者投保人指定,投保人、被保险人或第三人都可以为受益人,受益人也不一定是旅游者。

(二)旅游意外保险合同的主要内容

我国对旅游意外保险合同的内容并没有统一的规定。不同的保险公司推出的旅游意外保险有不同的内容。

1. 旅游意外保险的赔偿范围

旅游意外保险的赔偿涉及旅游者的人身、生命和财产。具体来说,一般包括因自然灾害引起的旅游者人身财产损失和旅游者在旅游期间发生意外事故而引起的下列赔偿:

(1)人身伤亡、急性病死亡引起的赔偿。

(2)受伤和急性病治疗支出的医药费。

(3)死亡处理或遗体遣返所需的费用。

(4)旅游者所携带的行李物品丢失、损坏或被盗所需的赔偿。

(5)第三方责任引起的赔偿。

[小资料]

在意外险合同中,并不是所有的意外都在保障范围内,对此,不同的保险公司有不同的规定。如有的保险公司将滑雪、滑水、潜水等水上娱乐活动以及攀岩、跳伞、骑马、远足等其他危险性非常高的项目作为除外责任列出,游客因参加上述活动造成的风险,保险公司不予赔付。游客在投保时应仔细留意。

2. 保险期限

保险期限是保险合同的有效期限,也是保险公司承担保险责任的期限。旅游意外保险的保险期限一般是旅游者的旅游期间。具体来说,国内旅游、出境旅游的保险期限从旅游者登上由旅行社安排的交通工具开始,直至该次旅行结束离开旅行社安排的交通工具为止;入境旅游的保险期限从旅游者入境后参加旅行社安排的旅游行程时开始,直至该旅游行程结束,办完出境手续出境时为止。

[补充阅读]

旅游意外险保障的时间一般很短,只在旅游期间有效,如果游客经常出游,每次都要购买保险,非常不便。作为旅游意外险的补充,有固定期限(如一年)的综合意外伤害保险应该是那些经常出游的游客的较好选择。这种保险保障时间更长,旅游时有保障,没有去旅游的时候同样有保障,而且比较省事,免得每次旅游前都要考虑买保险的事情。

3. 保险金额

旅游意外保险的保险金额并不一样。从几万元至几十万元的都有,相应的保险费也有较大差别,从几元到几百元的都有。游客可根据旅游项目的风险程度和个人的需要做出选择。

[小资料]

中国人寿保险公司推出的“鸿安卡”旅游保险产品的保险费和保险金额：

鸿安卡	价格	保障一	保障二	保障三	总保险金额
出境14日游	100元	24万	4万元	2万元	30万元
国内10日游	34元	13万元	1.5万元	5000元	15万元
国内1日游	2元	4万元	6000元	4000元	5万元

注：[保障一]意外伤害身故、下落不明、残疾责任；

[保障二]意外或急重症医疗；

[保障三]因意外身故造成的丧葬费用。

（资料来源：中国人寿保险股份有限公司网站

http://www.e-95519.com/esale/selfservice/application/displayProductDir_HA.do）

4.保险金赔偿或者给付

购买了旅游意外险的旅游者，应随身带上保险手册，当在保险有效期内发生保险责任范围内的事故或急性病发需要治疗时，应第一时间打电话向保险公司登记报案，并及时取得事故发生地公安、医疗、承保保险公司或其分、支公司等单位的有效凭证，向承保保险公司办理理赔事宜。

三、旅行社对旅游意外险的推广

（一）旅游意外险对旅行社的意义

旅游意外险虽然不是强制保险，是旅游者自愿购买的保险，其保障的也主要是旅游者的利益，但这一保险对旅行社同样有着重要意义。这主要是因为：旅游风险无处不在，有些旅行社推出的旅游项目有较高风险，旅游者根据自身需要选择合适的旅游意外保险，不仅不会增加太多开支，还能有效地提高旅游者自身抵御风险的能力，一旦出现损失，能及时得到补偿。而游客是否能得到及时补偿，往往影响到旅游纠纷能否得到及时解决。旅游事故几乎必然要导致旅游纠纷，游客如果能在事故中得到及时赔偿，能有效地减轻纠纷的对抗性，减轻旅行社解决纠纷的压力。

实践当中，游客的许多损失是第三人造成的，即使第三人答应赔偿，也要看其有无赔偿能力，而且事故的认定、赔偿数额的确定、赔偿金的筹措都有一个过程，这个过程很可能会耽误游客的治疗或纠纷的处理。无论是不是旅行社的责任，旅游纠纷久拖不决将影响旅行社的经营，也影响旅行社的声誉。如果游客购买了旅游意外险，保险中有先予支付的规定，游客一般都能及时得到补偿。游客的利益得到保障了，旅行社才可能轻装上阵，为游客提供更好的服务。

（二）旅行社对旅游意外险的推广

旅行社在旅游意外险的推广方面责无旁贷，这既是保障旅游者利益的需要，也是保障旅行社自身利益的需要,更重要的是,向旅游者推荐旅游意外险是旅行社应尽的义务。《旅行社管理条例实施细则》第五十一条规定:“旅行社在与旅游者订立旅游合同时,应当推荐旅游者购买相关的旅游者个人保险。”《旅行社投保旅行社责任保险规定》第二十四条也有同样的规定。也就是说,向旅游者推荐旅游意外险不是旅行社可做可不做的事情,而是旅行社应当承担的义务。

目前,我国游客自愿出钱购买旅游意外险的比例很低。旅游意外险难以推行,首先是绝大多数游客自我保护意识薄弱,对旅游中的风险认识不足。很多游客认为出外旅游就那么几天,根本没必要花钱买保险;也有些游客认为旅行社已经买了责任险,所以自己不必再掏腰包买意外险。这一现象的存在,也反映出旅行社向游客推荐旅游意外险的必要性。旅行社向旅游者推荐旅游意外险时应注意以下几个方面:

(1)选择好的旅游意外险品种。旅行社在旅游接待一线,是旅游者和旅游相关部门联系的桥梁,对各方面的需求都有着较多的了解。旅行社应多站在旅游者的角度考虑问题,根据旅游者的实际需要,结合本旅行社产品的特点,选择最适合旅游者的意外险品种提供给游客。

(2)选择让游客放心的保险公司。好的意外险品种很重要,好的保险公司同样很重要。旅行社应选择保险业务信誉好、服务网络面广、无不良经营记录的保险公司作为合作伙伴。

(3)旅行社工作人员应严格遵守规定,在与旅游者订立旅游合同的同时,向旅游者推荐相关的旅游意外险,这应该成为旅行社出售旅游产品的一个固定程序。在推荐旅游意外险时,工作人员应向游客解释旅游意外险与旅行社责任险的区别,解释旅游意外险的意义。

(4)推荐旅游意外险应适可而止,毕竟,这是游客自愿购买的一个险种,旅行社应充分尊重游客的自主选择权,不能强买强卖。

(5)旅行社应当为其派出的向旅游者提供服务的导游、领队人员办理旅游意外保险。

现在有的旅行社已经在尝试赠送旅游意外险,虽然会增加一些经营成本,但能有效地降低经营风险,增加产品的吸引力,有一定的积极意义。

[补充阅读]

与旅游业的快速发展相比,我国旅游保险的发展还存在一些问题,主要表现在:游客和旅游经营者的风险意识普遍不足,旅游保险投保率不高;旅游保险机制不健全,市场竞争不规范;旅游保险产品不丰富,服务水平有待提高等。

为扭转这一状况,2006 年 7 月 6 日,中国保险监督管理委员会和国家旅游局共同下发《关于进一步做好旅游保险工作的意见》。该意见第四部分谈到了完善旅游保险产品体系,主要内容如下:

(一)着力完善旅行社责任保险。要通过试点,重点研究解决旅行社责任保险在责任范围、赔偿限额、纠纷调解、救援服务、理赔程序和无过错责任等方面的实际需要,逐步建立科学合理的旅行社责任划分办法,切实增强责任险转嫁风险的能力。

(二)改进旅游意外伤害保险。要针对游客的实际需求,改进旅游意外保险产品,提高产品品质。要积极拓宽旅游意外伤害保险的销售渠道,允许和鼓励旅行社在征得游客同意的前提下,通过合法手续为游客办理人身意外伤害险。

(三)大力发展新兴旅游保险和特种旅游保险。及时跟踪旅游市场发展的新动向,对自驾车、自由行、自助游等新兴旅游业态,要在其开发推广过程中,加强旅游与保险的合作,提前做好新兴旅游市场的风险管控工作。要深入研究老年旅游、滑雪、探险、漂流等特种旅游类型的风险特点,积极开发相关的特种保险产品,为旅游业提供全面的风险保障。

(四)积极推进旅游各环节保险。要依托各级政府和各行业主管部门,督促宾馆、餐馆、景点、车船、索道和游乐场所等旅游经营主体投保相关责任险,建立系统化的旅游保险链,分担旅游各环节中的风险;保险公司要有针对性地开发系列化的责任保险产品,供各旅游经营主体选择投保;旅行社要将是否投保责任险作为采购服务项目的条件之一。

关键词汇

旅行社责任保险　旅行社责任保险合同　旅游意外保险　旅游意外保险合同

经典案例

2005 年“五一”期间,李某参加了某旅行社组织的“西安五日游”,旅游的前几天还比较顺利,第三天发生了意外。李某在宾馆房间的卫生间洗澡时不慎滑倒,造成左手骨折。导游人员和宾馆工作人员立即将李某送医院治疗,宾馆方面支付了李某在西安治疗期间的全部医药费。李某不得不中止了旅游活动。李某认为旅行社安排的宾馆不符合安全要求,应对此事件负责。返回住地后,李某要求旅行社赔偿其个人损失费 6000 元(包括误工费、营养费、精神损失费等)。据悉,宾馆提供的卫浴设施符合要求,且挂有“小心摔跤”的警示牌。

请问:(1)旅行社投保了旅行社责任险,李某能否得到保险公司赔偿?

(2)李某能否得到宾馆的赔偿? 为什么?

(3)在什么情况下,李某能得到赔偿?

分析:(1)旅行社投保的是旅行社责任险,保险公司赔偿的前提是由于旅行社的责任造成了旅游者的人身、财产损害。因此,本案首先要分析旅行社有没有责任。旅行社组织旅游,应保证所提供的服务符合保障旅游者人身、财物安全的要求,但这并不意味着旅游中的任何安全事故都由旅行社承担责任。本案例中,旅行社选择了正规的宾馆,且宾馆卫浴设施也符合要求,应该说,旅行社在选择宾馆方面是符合保障旅游者人身安全要求的。旅游者自身也有安全注意的义务,李某的摔倒主要是自己不小心造成的,旅行社不承担责任。既如此,保险公司也不会赔偿。当然,旅行社应该把李某中止旅游后未发生的费用退还李某。

(2)李某也不能得到宾馆的赔偿。因为宾馆的设施设备并不存在问题,且挂了"小心摔跤"的警示牌。作为一个思维正常的成年人,李某理应对在浴室的防滑有足够的注意。而且,在李某骨折后,宾馆及时送其去医院治疗,并支付了医药费,已尽到了自己的职责。

(3)如果李某在出游前办理了"旅游意外险",类似的这样的意外伤害可以得到相应的赔偿。

思考与训练

1. 旅行社责任保险有何特征?
2. 旅行社责任保险的保险责任范围是什么?
3. 旅游意外保险合同的主体分别是什么?
4. 旅游意外保险的赔偿范围是什么?
5. 旅游意外险主要保障谁的利益?旅游意外险对旅行社有意义吗?
6. 课堂讨论:旅行社有必要在出售旅游产品时赠送旅游意外险吗?
7. 实践训练:作为旅行社工作人员,你将如何推广旅游意外险?
8. 实践训练:2005 年 12 月,某旅游局对某旅行社进行年检时,发现该旅行社未投保旅行社责任险,遂责令其改正。2006 年 12 月,旅游局再次对其年检时,发现该旅行社仍然没有投保旅行社责任险。按规定,旅行社可能受到怎样的处罚?

(提示:旅行社违反规定,未投保旅行社责任保险并逾期不予改正的,可能面临责令停业整顿 15 天至 30 天,并处人民币 5000 元以上 2 万元以下的罚款;情节严重的,还可能被吊销《旅行社业务经营许可证》。)

9. 实践训练:有一家旅行社在保险公司办理了为期一年的旅行社责任保险。在推出旅游产品时,该旅行社将保险费支出列入产品价格,但在产品促销时,又主动为游客打折,将列出的保险费扣除,并美其名曰:为旅游者着想,免费赠送保险。当一游客询问,既然旅行社购买了保险,游客本人还需不需要购买保险时,旅行社工作人员明白地告诉他:不需要。请问,该旅行社做法存在哪些错误?

(提示:该旅行社的错误之处:1. 将旅行社责任保险的保险费在产品销售价格中单独列项;2. 错误地将旅行社责任险与旅游者个人保险混淆;3. 没有向旅游者推荐购买相关的旅游者个人保险。)

参考文献

[1] 田勇主编．旅游法规实务[M]．南昌:江西人民出版社,2005.
[2] 梁杰．导游服务成功秘诀[M]．北京:中国旅游出版社,2006.
[3] 蒋炳辉.导游员带团200个怎么办[M]．北京:中国旅游出版社,2004.
[4] 王连义.怎样做好导游工作[M]．北京:中国旅游出版社,2005.
[5] 问建军.导游业务[M]．北京:科学出版社,2005.
[6] 黄明亮,赵利民.旅行社经营管理[M]．北京:中国人民大学出版社,2006.
[7] 孙乐中.导游实用礼仪[M]．北京:中国旅游出版社,2005.
[8] 黄明亮.带团要领——现代导游实务[M]．南昌:江西人民出版社,2005.
[9] 李嘉珊,刘俊伟.旅游接待礼仪[M]．北京:中国人民大学出版社,2006.
[10] 郭赤婴.新导游带团案例[M]．北京:中国旅游出版社,2006.
[11] 张力仁.导游业务[M]．北京:高等教育出版社,2003.
[12] 唐由庆.导游业务[M]．北京:高等教育出版社,2002.
[13] 赵捷,谭风.导游宝典——溯源集[M]．北京:中国旅游出版社,2006.
[14] 蒋炳辉.导游带团艺术新篇[M]．北京:中国旅游出版社,2005.
[15] 王连义.导游技巧与艺术[M]．北京:旅游教育出版社,2002.
[16] 本书编写组.导游服务技能[M]．北京:中国旅游出版社,2004.
[17] 也瑛等编著．旅游政策与法规[M]．杭州:浙江大学出版社,2005.
[18] 本书编委会.旅游法规案例精选与解析[M].北京:中国旅游出版社,2004.
[19] 宋才发,杨富斌主编.旅游法教程[M].北京:知识产权出版社,2006.
[20] 张伯双主编．旅游政策与法规[M]．北京:科学出版社,2005.
[21] 孙子文主编．旅游法规教程[M]．大连:东北财经大学出版社,2002.
[22] 韩玉灵编著．旅游法教程[M]．北京:旅游教育出版社,2004.
[23] 杨富斌,王天星主编.旅游法学案例[M].北京:中国旅游出版社,2006.
[24] 杨富斌,韩玉灵,王天星主编.旅游法论丛[M].北京:中国旅游出版社,2005.
[25] 全国导游人员资格考试教材编写组编．旅游法规常识[M]．北京:旅游教育出版社,2005.
[26] 金祖良等著．旅游危机处理指南[M]．杭州:浙江大学出版社,2006.
[27] 陈小君主编．合同法学[M]．北京:中国政法大学出版社,1999.

[28] 国家旅游局政策法规司. 旅游法规规章汇编[M]. 北京:旅游教育出版社,2002.

[29] 刘敢生主编. 旅游服务纠纷精选案例分析[M]. 北京:中国旅游出版社,2004.

[30] 段国强编著. 旅游投诉案例与分析[M]. 北京:中国旅游出版社,2003.

[31] 葛洪义主编. 法理学[M]. 北京:中国人民大学出版社,2003.